민성원의 초등 엄마 물음표

겨울이 아무리 추워도 봄에는 꽃이 핀다.
그리고 열매를 맺는다.

내 아이를 똑똑하게 키우는 엄마의 현명한 선택

　나는 초등학생 자녀를 둔 엄마들을 많이 만났다. 그들에게는 한결같은 공통점이 있었다. 마치 초보 운전자 같았다고나 할까. 1년 동안 꿈에 그리던 새 자동차를 사놓고 날아갈 듯 기쁘지만 막상 차를 몰고 거리로 나가니 마음 한구석이 불안한 사람처럼 보였다.

　초등학생 학부모는 하루가 다르게 커가는 아이와 눈만 뜨면 씨름을 하지만 언제 가속 페달을 밟아야 할지, 언제 브레이크를 밟아야 할지 늘 헷갈린다. 언제 엔진오일을 보충했는지는 생각해 본 적도 없다. 보험을 들긴 했지만 어떤 보상을 받는지도 잘 모른다. 그저 운전 중에 자동차가 길에 서지 않고 달려주는 것이 마냥 신기하고 감사할 뿐이다.

　그런데도 자동차 시트는 가죽으로, 오디오는 최신형으로 선택했고, 유리는 마치 프랑스제 선글라스처럼 멋지게 코팅했다. 아침마다 세차도 꾸준히 한다. 언뜻 보면 거의 완벽하게 자동차를 관리하는 듯하다.

　그러던 어느 날, 멀쩡하던 자동차가 도로 한가운데 서고 만다. 당황

한 초등학생 학부모는 그제야 비로소 어디서부터 어떻게 잘못됐는지 따져보기 시작한다. 하지만 자동차는 이미 손쓰기 어려울 정도로 망가져 있다.

나는 민성원연구소를 운영하고 EBS 〈생방송 60분 부모〉에 학습법 진단 패널로 출연하면서 참 많은 학부모들을 만나고 있다. 그들은 다양한 고민을 토로하며 자녀를 바르게 가르치는 방법이 무엇인지 물었다. 그때마다 나는 나름대로 옳다고 믿는 해결책을 알려주었고, 다행히도 아이들은 긍정적으로 변화했다. EBS 다큐멘터리 〈똑똑 교육충전소〉를 촬영할 때는 비교적 문제가 심각한 아이들을 만났다. 그 아이들도 시간을 갖고 지도한 결과 조금씩 바른 모습으로 바뀌어갔다.

아이들이 변화하는 속도는 성인보다 월등히 빠르다. 내가 쉼 없이 아이들을 만나고 그들을 돕는 일에 열정을 쏟는 까닭이 어쩌면 이런 결과 때문인지 모르겠다.

지금 나는 EBS 라디오 〈멘토〉에서 실시간 전화 상담을 한다. 내가 제시하는 해결책 가운데는 교육학 전공자들이 보기에 그다지 바람직하지 않은 조언도 있을 것이다. 하지만 현장은 학교에서 이론으로 배우는 것과는 여러 면에서 양상이 다르다고 생각한다. 나는 실제로 현장에서 듣는 생생한 질문에 실질적인 조언을 하려고 노력했다. 이 책은 그 결과물들을 정리한 것이다.

많은 학부모와 학생을 상담하고 가르치면서 학습의 상당 부분이 초등 저학년 때 형성된다는 사실을 확인했다. 또한 공부 잘하는 아이의 뒤에는 부모, 특히 엄마의 현명한 선택이 있었다는 것도 알게 됐다. 자녀교육에 임하는 부모의 자세와 선택은 아이의 학습 동기와 태도, 그리고 결과에 가장 중요한 변수로 작용한다.

또한 자녀교육은 유전적인 요소와 맞먹을 정도로 지능 발달에 영향을 미친다. 이 책에서 자세히 살펴보겠지만, 아이의 지능은 능력과 적성에 맞는 계획적인 학습을 통해 꾸준히 발달한다. 한마디로 엄마가 어떻게 하느냐에 따라 아이가 더 똑똑해질 수도 뒤처질 수도 있다는 뜻이다.

수년간 나는 초등학생 100여 명을 청심·대원·영훈 국제중학교에 합격시켰다. 그 과정에서 한 가지 느낀 것이 있다. 합격생의 엄마들과 대화를 나누다 보면 나름대로 아이를 참 잘 키운다는 공통점이 있었다. 또한 중학교 이후 공부를 더 잘하는 아이의 부모 역시 자녀교육의 탁월한 원칙을 갖고 있었다.

이 책은 초등학생 자녀를 둔 엄마들이 가장 궁금해하는 질문만을 모아 나의 오랜 교육 경험과 전문적 이론, 그리고 교육전문가들의 견해를 종합해 정리한 것이다. 물론 책의 주제는 공부이지만, 특히 인간의 궁극적인 목표인 '행복을 위한 공부'를 하는 방법에 주안점을 두었다. 또한 초등학교 때만 반짝 잘하는 공부가 아니라 장기적으로 명문대에 합격하고, 더 나아가 사회에 진출해서도 자신이 원하는 대로 잘사는 길을 제시하고 싶었다.

초보 운전자처럼 우왕좌왕하는 엄마, 나름대로 능숙한 베스트 드라이버라고 자부하지만 가끔은 자녀교육이 어렵다고 느끼는 엄마, 아이의 밝은 미래를 위해 미리 준비하려는 부지런한 예비 학부모 모두에게 이 책이 자신감을 더해줄 수 있길 바란다.

2012년 5월
민성원

머리말 내 아이를 똑똑하게 키우는 엄마의 현명한 선택 • 6

1장 질문하기 전에 엄마가 먼저 알아야 할 것

01 도대체 공부는 어떻게 이루어지나요? • 17
02 똑똑한 옆집 아이를 따라 공부해도 될까요? • 26
03 둘째는 알아서 잘하는데, 첫째가 고민이에요 • 28
04 아이의 학습 플랜은 얼마나 멀리 보고 짜나요? • 31
05 내 아이는 내가 가장 잘 알아요 • 34
06 학교 공부, 과연 아이에게 얼마만큼 도움이 될까요? • 37
07 부모를 닮았으면 아이도 사교육 없이 공부를 잘하겠죠? • 39
08 나는 어떤 유형의 엄마인가요? • 42

❀ Mom Summary
초등 공부 10원칙 • 25
아이의 지능은 생각보다 낮다 • 36

2장 아이의 머릿속에 잠든 지능, 어떻게 깨울까?

09 아이의 머리가 좋다는 것은 무슨 뜻인가요? • 51
10 머리는 좋은데 공부를 못해요 • 62
11 어떻게 하면 아이가 게임을 하지 않을까요? • 66
12 나쁜 머리도 좋아질 수 있나요? • 70
13 IQ 검사 방법을 알려주세요 • 73
14 IQ 검사로는 무엇을 측정하나요? • 76
15 IQ 검사는 어떻게 해석하나요? • 81
16 IQ 검사는 언제 하는 것이 좋을까요? • 87
17 IQ 검사를 꼭 해야 하나요? • 90
18 성적과 지능은 얼마나 관계있나요? • 93
19 어떻게 하면 학습 능력을 높일 수 있을까요? • 102
20 좋은 머리가 나빠지기도 하나요? • 118

❋ Mom Summary

IQ는 어떻게 측정하나요? • 61 | IQ와 공부 • 65 | IQ와 환경 • 72 | 멘사 인터내셔널 • 75 | IQ와 기억력 • 80 | IQ 검사 결과 확인 시 주의 사항 • 86 | 효과적인 IQ 검사 시기 • 89 | 유대인의 두뇌 사용법 • 92 | 학교는 아이를 똑똑하게 만들까? • 101 | 잘 자는 아이가 공부도 잘한다 • 117 | 아이의 공부 머리에 좋은 음식 • 126

3장 잠재력을 창의적인 재능으로 바꾸는 힘, 집중력

21 다중지능이란 무엇인가요? • 131
22 창의력이 뛰어나면 공부를 못해도 상관없다? • 141
23 메타인지란 무엇인가요? • 147
24 창의력보다 기억력이 좋아야 공부를 잘한다? • 152

25 집중력이란 무엇인가요? • 157
26 집중력이 나쁘면 어떤 행동을 하죠? • 164
27 집중력을 기르는 방법에는 무엇이 있나요? • 171
28 산만한 아이는 어떻게 가르치나요? • 175

❁ **Mom Summary**
여덟 가지 독립 지능별 특징 • 140 | 창의적인 사람의 긍정적인 특징 • 146 | 창의적인 사람의 부정적인 성격 • 146 | 기억력 훈련 방법 • 156 | 집중력 진단 체크 리스트 • 162 | 집중력 장애가 의심되는 아이의 행동 특성 • 170 | 공부 머리 강화 프로그램 • 174 | 산만한 아이를 위한 맞춤형 솔루션 • 180

4장 타고난 머리를 뛰어넘는 초등 공부 프로젝트

29 우리 아이 어떻게 가르쳐야 하나요? • 185
30 머리 좋은 아이, 어떻게 공부할까요? • 188
31 머리가 보통인 아이, 어떻게 공부할까요? • 191
32 머리 나쁜 아이, 어떻게 공부할까요? • 194
33 머리도 좋고 성적도 높으면 어떻게 공부할까요? • 197
34 머리는 좋은데 성적이 낮으면 어떻게 공부할까요? • 201
35 머리가 나쁜데 성적은 높으면 어떻게 공부할까요? • 204
36 머리도 나쁘고 성적도 낮으면 어떻게 공부할까요? • 206
37 영재교육은 왜 필요하죠? • 209
38 내 아이가 정말 영재일까요? • 214
39 영재가 되도록 가르칠 수도 있나요? • 218

❁ **Mom Summary**
영재 진단 검사 • 221

5장 초등 아이를 위한 맞춤형 학습 전략 로드맵

40 초등학생, 어떻게 공부할까요? • 227
41 국어는 어떻게 공부할까요? • 232
42 영어는 어떻게 공부할까요? • 236
43 수학은 어떻게 공부할까요? • 240
44 수학, 선행할까 심화할까? • 244
45 연산과 사고력, 어느 것이 더 중요할까? • 247
46 독서 교육은 어떻게 할까요? • 251
47 자기주도학습이란 무엇인가요? • 258
48 예습, 복습하는 방법을 몰라요 • 261
49 조기 유학, 반드시 필요할까요? • 264
50 돈만 드는 사교육, 어떻게 활용할까요? • 268

❦ **Mom Summary**
사립학교 VS 공립학교 • 274

참고문헌 • 278

질문하기 전에 엄마가 먼저 알아야 할 것

도대체 공부는 어떻게 이루어지나요? | 똑똑한 옆집 아이를 따라 공부해도 될까요? | 둘째는 알아서 잘하는데, 첫째가 고민이에요. | 아이의 학습 플랜은 얼마나 멀리 보고 짜나요? | 내 아이는 내가 가장 잘 알아요. | 학교 공부, 과연 아이에게 얼마만큼 도움이 될까요? | 부모를 닮았으면 아이도 사교육 없이 공부를 잘하겠죠? | 나는 어떤 유형의 엄마인가요?

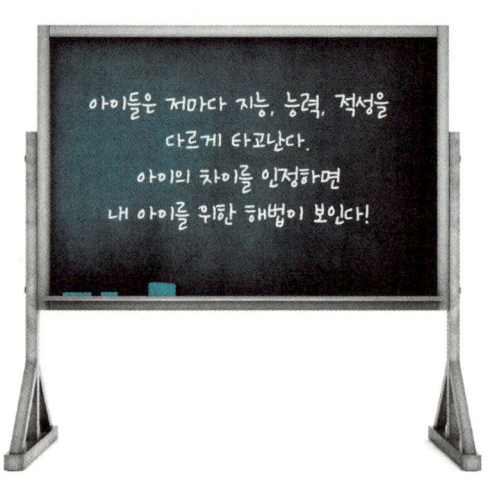

01
도대체 공부는 어떻게 이루어지나요?

자녀의 공부 문제로 집집마다 희비가 엇갈린다. 누구는 '공부가 세상에서 제일 쉬웠다' 하고, 다른 누구는 '공부가 세상에서 제일 싫다'고 말한다. 자녀의 공부 문제만 생각하면 어떤 부모는 밤잠을 못 이룰 정도로 속상하고, 다른 부모는 흐뭇하고 대견하다.

도대체 공부가 무엇이기에 이토록 사람들이 옴짝달싹 못할까? 이야기를 본격적으로 시작하기 전에 우선 공부란 무엇이며 어떤 요소로 이루어지는지 개념 정리를 할 필요가 있겠다.

많은 엄마들이 "우리 아이가 머리는 좋은데 성적이 안 나와요"라고 말한다. 여기에는 머리가 좋으면 무조건 공부를 잘한다는 믿음이 깔려 있다. 과연 그럴까? 공부를 잘하려면 머리가 좋아야겠지만 그것만으로는 부족하다.

나는 민성원연구소를 운영하면서 영재들을 종종 만났고, 지능지수(IQ)는 영재 수준이 아니지만 학교 성적은 뛰어난 학생들도 많이 보았다. 그들을 살펴보고 얻은 결론은 공부를 잘하기 위한 '단계'가 있다는 것이다. 바로 '입력→단기기억→사고→장기기억→출력'이 그것이다.

◐ **입력** 공부할 때 가장 먼저 선행돼야 하는 것이 입력이다. 공부할 내용이 머릿속에 입력되지 않으면 머리가 할 일은 없다.

입력은 집중력에 의해 좌우된다. 집중력이 좋으면 많은 정보를 효율적으로 입력하지만, 그렇지 못하면 효율성이 떨어진다. 수업을 열심히 듣고 공부를 오래 하더라도 머리에 입력되는 양이 적다는 뜻이다.

대표적으로 주의집중력이 낮은 학생은 수업 시간에 딴생각을 많이 한다. 반면 주의집중력이 높은 학생은 오로지 학업에만 몰입한다. 머리가 좋아서 한 번 들은 내용을 쉽게 이해하는 학생이라도 주의집중력이 떨어지면 우수한 성적을 내기 힘들다.

공부 시간이 짧으면 당연히 입력한 정보량이 적고, 공부 시간이 길면 정보량도 많아진다. 그런데 아이가 책상 앞에 앉아 있는 시간은 길지만 성적이 저조하다고 고민을 토로하는 부모가 의외로 많다. 이런 경우는 아이의 입력 조절 능력이 부족한 탓이다.

아이가 주의를 집중할 때는 무의식중에 머리에 입력할 정보들을 검색한다. 정보의 중요도를 따져 불필요한 것은 버리고 의미 있는 것만 받아들인다. 하교한 아이에게 "오늘은 뭘 배웠니?"라고 물어보면 아이가 또렷하게 기억해 술술 이야기하기도 하지만 아예 기억하지 못하는 내용도 있다. 기억력이 나빠서일 수도 있지만, 대부분은 무의식중에 중요하지 않다고 판단해 흘려버렸기 때문이다.

시험이 다가올수록 공부할 양을 자꾸만 늘리는 아이가 있었다. 시험을 보고 나면 노력에 비해 성적이 안 나와 불만스러워했다. 아이는 '선택과 집중'에 실패한 것이다. 이럴 경우에는 한 단원을 공부할 때마다 중요하다고 생각하는 개념 20개를 고르고, 다시 10개로 추리고, 또다시 5개로 좁히는 훈련을 하면 도움이 된다.

공부를 할 때 집요하게 파고드는 것도 좋지만 한계 지점을 분명히 정해야 한다. '이 정도만 공부하면 돼'라고 생각하는 깊이가 다른 아이들에 비해 얕으면 시험이 어렵게 느껴질 수밖에 없다. 반면 지나치게 세세한 내용까지 신경 쓰면 큰 틀을 이해하지 못하거나 겉만 훑어서 맥락을 파악하지 못하기도 한다.

이럴 경우에는 아이가 공부할 때 옆에서 밀착 지도해서 내용을 확실히 습득하도록 해야 한다. 공부는 끝마무리가 중요하다. 98퍼센트만 아는 것은 모르는 것과 같다. 즉 2퍼센트 부족하다는 것은 실제로 100퍼센트 부족한 것과 다르지 않다.

많은 아이들이 공부할 때 시간을 잘 분배하지 못한다. 학년이 낮을수록 흥미로운 정보만 습득하려는 경향이 있다. 이럴 때는 공부를 시작하기 전에 얼마나 시간이 걸릴지 미리 알려주고, 또 틈틈이 경과한 시간을 확인하는 것이 좋다. 특히 공부 시간과 휴식 시간의 경계를 명확하게 정해 각각의 시간에 집중하도록 훈련하는 것이 중요하다.

아이가 호기심이 많을수록 관심사가 다양해서 언뜻 여러 방면으로 고루 잘하는 것처럼 보이지만 사실은 하나에 몰입하고 집중하는 능력이 떨어지기 때문이다. 당장의 흥미에 이끌려 지금까지 하던 일을 까맣게 잊어버리는 것은 뇌의 전환 속도가 빨라서가 아니다. 오히려 한 분야에 깊이 빠져들기까지 오래 걸리는 유형이다. 이런 경우에는 공부할 때 시간을 정해주고 환경을 단순화해야 한다. 공부 도중에 딴생각이 나지 않도록 책상 위에 흩어져 있는 물건들을 치우면 도움이 된다.

◐ **단기기억** 기억이란 자극을 느끼고 그 결과를 뇌에 새겨 넣는 것을 말한다. 나아가 자극이 없어지더라도 뇌에 새겨 넣은 정보를 다시 끄집어낼 수 있는 것까지 포함한다.

기억은 '입력→저장→회상'의 3단계를 거친다. 그중 어느 하나라도 정상적으로 수행하지 않으면 기억이 이뤄지지 않는다.

기억은 순간기억, 단기기억, 장기기억으로 분류된다. 순간기억은 짧은 시간 동안 머릿속에 이미지가 남는 것으로, 기억회로에 저장되지 않는다. 단기기억은 순간기억과 달리 기억회로에 저장된다. 보통 순간기억 중에서 인상이 강한 것들이 단기기억으로 이동한다. 시험 보기 직전까지 달달 외워 머릿속에 남은 결과가 바로 단기기억에 해당한다. 단기기억 중에서 오랫동안 반복한 것들은 장기기억이 되어 거의 평생 머릿속에 남게 된다.

벼락치기 공부법은 단기기억에 의존하는 학습법이다. 며칠 지나면 잊어버릴 가능성이 크다. 그러므로 단기기억을 장기기억으로 만들기 위해서는 반복학습이 중요하다. 반복학습은 즉시 할수록 효과적이고 자주 할수록 강화된다. 가장 효율적인 복습 방법으로는 '5분 노트'를 추천한다. 5분 노트를 이용하여 수업 후 쉬는 시간에 5분 동안 복습하고 집으로 돌아와 다시 5분 동안 복습함으로써 반복의 능률을 높일 수 있다.

◐ **사고** 입력과 기억은 모두 사고를 위해 반드시 필요한 과정이다. 입력되지 않으면 기억할 것이 없고, 기억되지 못하면 사고할 것이 없어진다. 지능과 가장 연관성이 깊은 것이 바로 사고력이다.

그런데 사고력은 짧은 시간에 길러지지 않을뿐더러 지능에 따라 한계가 존재한다. 그러므로 부모는 아이의 IQ를 단순히 숫자에 불과하다며 무시할 것이 아니라 아이의 잠재력이 어느 정도인지 가늠하는 수단으로 생각하는 것이 좋다.

사고력은 이해력, 문제해결력, 비판적 사고력으로 구성된다. 이해력은 개념을 정확하게 받아들이는 능력으로, 개념을 확실하게 이해하지 못한 채 암기로만 공부하는 데는 분명 한계가 있다. 사고력의 기본은 개념 이해이기 때문이다.

어린아이들은 단순 암기 능력이 좋아서 한자나 구구단을 잘 외운다. 반면 사람들은 나이가 들수록 단순하게 외우려 하기보다 이해해서 외우려 한다. 이해를 통한 저장이 단순히 외우는 것보다 기억하기 용이하기 때문이다.

새로운 문제를 접했을 때, 그것을 종합하고 분석하여 논리적으로 해결하는 능력은 문제해결력이다. 교과과정에서 공부는 논리적인 사고로 문제를 해결하는 과정으로, 체계적인 훈련을 통해 향상시킬 수 있다.

마지막으로 비판적 사고력은 많은 경험을 통해 얻을 수 있는 능력이다. 그러므로 엄마는 아이에게 다양한 대외 활동의 기회를 제공하는 것과 더불어, 신문이나 방송에 나오는 여러 사건과 그 정황에 대한 자기 의견을 자주 들려주어 아이가 겉으로 보이는 것이 전부가 아니라는 사실을 알아가며 자랄 수 있도록 신경 쓰는 것이 좋다. 주변에서 보고 들은 상황이나 책에서 읽은 내용 등에 대해 친구들이나 가족과 함께 의견을 교환하면 비판적인 시각을 갖고 현상을 파악하는 능력을 기르는 데 도움이 된다.

◉ **장기기억** 단기기억은 어떻게 장기기억이 될까? 아이는 수업 시간에 들은 내용을 그대로 외우지 않는다. 요약과 압축을 통해 '자신만의 언어'로 새로운 개념을 만들어 수용한다. 이 과정 없이 수동적으로 받아들이면 장기기억으로 저장되기 어렵다.

그런데 수업을 여러 번 듣는다고 해서 잘 외워지고 오래 기억되는 것도 아니다. 외우려는 의지를 갖고 지속적으로 반복해야 함은 물론 머릿속에 체계적으로 집어넣어야만 비로소 단기기억이 장기기억으로 전환될 수 있다. 자신만의 순서를 매기거나 마인드맵을 만들어 기억하는 방법, 앞 글자를 따서 외우는 방법, 기존 지식과 연결 고리를 만들어 기억하는 방법 등이 장기기억을 용이하게 한다.

이 밖에 기억을 통한 공부 과정에서 중요한 것이 '자동화'이다. 영어를 문법으로 배워 떠듬떠듬 읽고 말하다가 마침내 익숙해지면 저절로 문장이 되어 나오는 것처럼, 결국 공부는 자동화될 때까지 반복하는 것이 중요하다. 이 과정은 느리게 보이지만 실제로는 가장 빠른 방법이다.

장기기억을 만들기 위해서는 아이와 함께 '기억하기 연습'을 해보는 것이 좋다. 공부한 내용을 경험과 결부해 기억하는 것은 단기기억을 장기기억으로 전환하는 효율적인 방법이다. 입력된 정보는 감정과 연결됐을 때 더 오래 기억에 남기 때문이다. 이외에도 공부한 내용을 체계적으로 정리하거나 이미지화하는 방법, 음을 붙여서 노래처럼 외우는 방법 등이 권할 만하다.

장기기억이 가장 잘 정리되는 시간은 잠들기 직전이라고 한다. 하루 동안 공부한 내용을 항상 종이 한 장에 정리한 후 그 내용을 읽고 난 뒤 잠드는 버릇을 습관화하면 좋다. 한두 줄이라도 그날 배운 내용을 과목별로 정리하면 장기기억에 매우 도움이 된다. 학교나 학원에서 공부할 때는 그룹별로 수업 내용을 정리하는 것도 좋은 방법이다. 이때 수업 내용을 정리해 서로에게 알려줄 때는 선생님 역할과 학생 역할을 번갈아 하는 것이 상당히 효과적인데, 이를 또래 학습이라 부른다.

◑ 출력 아이가 수업을 얼마나 이해했는지 알아보는 방법은 아이의 글이나 말, 행동 등을 기준으로 확인하면 된다. 이처럼 겉으로 드러나는 결과를 출력이라 한다. 아이는 새로운 정보를 입력하면 머릿속에서 작업 과정을 거쳐 스스로의 것으로 만들고 자신만의 표현으로 출력한다. 이때 많은 사람들이 단순히 아는 내용을 제대로 표현하는 것만을 출력이라고 생각하지만, 출력을 통해 다음 입력 과정을 스스로 조절하는 능력

이 더욱 중요하다.

　문제를 풀 때는 정확성뿐만 아니라 얼마나 신속하게 처리하는가도 매우 중요하다. 테스트는 대부분 얼마나 빠르고 정확하게 처리하는가를 평가한다. 따라서 정확성과 더불어 처리 속도를 높이는 훈련이 반드시 필요하다. 많은 엄마들은 아이가 문제의 정답을 맞혔는지 틀렸는지에만 관심을 갖는데 그와 동시에 적절한 속도로 문제를 푸는지도 체크해야 한다.

　아이가 문제를 해결하는 속도가 느리다면 제한 시간을 자꾸 알려주고 반복적인 공부 패턴을 몸에 익히게 하여 처리 속도를 점진적으로 올리는 훈련을 하면 좋다. 처리 속도가 빠르지만 실수도 잦은 아이의 경우에는 실수하지 않고 정확하게 문제를 풀 수 있도록 아이가 자주 틀리는 문제를 반복해서 풀게 하면 도움이 된다.

　사실 아이 스스로 공부의 '정확성'과 '속도'라는 출력의 질을 조절하기는 어렵다. 엄마의 입장에서도 쉽지 않은 일이다. 결국 양질의 공부를 하느냐 아니냐는 시험 결과가 기준이 된다. 시험은 속도와 정확성을 모두 요구하기 때문이다.

　무엇보다 아이가 스스로 자기 공부를 평가하는 것이 중요하다. 이때 자기주도학습 플래너를 활용하면 좋다. 공부 계획을 세우고 이를 점검하면 예습과 복습이 체계적으로 이루어지게 된다. 공부가 잘되지 않은 날은 왜 그랬는지 그 이유를 기록하다 보면 자연스럽게 반성하는 효과도 있다.

Mom Summary

초등 공부 10원칙

1. 머리는 유전이다. 하지만 충분히 계발할 수 있다.
2. 머리가 다르면 다른 방법으로 가르쳐야 한다. 누구에게나 강점과 약점이 있다.
3. 머리는 좋아지거나 나빠질 수 있다. 그러므로 정기적으로 검사를 받자.
4. 머리를 좋게 만들기 위해서는 체계적·계획적·반복적 훈련이 필요하다.
5. 초등 저학년 때는 다양한 자극을 경험하고, 고학년 때는 국어·영어·수학 위주로 공부해야 한다.
6. 학교는 아이의 머리를 좋아지게 만들지만 맞춤 교육을 하기는 어렵다.
7. 기억력은 학습에서 사고력이나 창의력에 우선한다.
8. 국어와 수학 공부는 학교 공부와 관련된 지능을 높이는 가장 좋은 방법이다.
9. 일찍 시작할수록 더 크게 성취한다.
10. 집중력은 학습에서 매우 중요하다.

02
똑똑한 옆집 아이를 따라 공부해도 될까요?

사람은 누구나 다른 유전자를 갖고 태어난다. 따라서 아이들도 저마다 능력과 성향이 다를 수밖에 없다.

무작위로 교실 한 곳을 정해 반 아이들을 살펴보라. 영어를 좋아하는 아이가 있는가 하면 수학을 더 좋아하는 아이가 있다. 책 읽기를 좋아하는 아이가 있는가 하면 운동장으로 나가 땀 흘리며 뛰노는 것을 더 좋아하는 아이가 있다. 공부 머리가 일찍 깨는 아이가 있는가 하면 중학교에 진학한 뒤 두각을 드러내 갈수록 공부를 잘하는 아이도 있다.

이처럼 아이들은 소질과 재능, 발달 시기 등이 모두 다르다. 그런데도 엄마들은 이런 사실을 잘 인정하지 않는다. 차이를 무시한 채 똑같은 방식으로 가르치려 한다.

"어느 유치원이 좋아요?"

"어떤 사립학교가 좋을까요?"

"영어를 잘 가르치는 학원은 어디예요?"

"수학 선행은 언제부터 해야 할까요?"

이 모든 질문에 대한 내 대답은 '아이마다 다르다'는 것이다. 형제일지라도 아이들이 제각기 노출되는 성장 환경은 다르고 그에 따라 아이마다 다른 특성을 보인다. 첫째 아이를 키울 때는 경제적으로 어렵고 부부 사이가 좋지 않았다가도 둘째 아이를 낳을 때는 경제적으로 여유로워지고 부부 사이가 원만하게 회복되기도 한다. 형제라도 결코 같은 부모와 환경 속에서 자란 게 아닌 것이다.

그런데도 많은 엄마들이 옆집 엄마의 정보에 휘둘린다. 하지만 '~카더라'는 말만 믿고 아이를 몰아세우는 것은 아이를 위해서도, 그리고 부모를 위해서도 전혀 득이 되지 않는다. 시간 낭비, 체력 낭비, 돈 낭비일 뿐이다.

또한 신문이다 방송이다 학원을 비롯한 각종 사교육들이 그럴듯하게 포장하는 광고에 현혹되어 아이와 맞지 않는 교육을 시킨다면 한창 성장 중인 아이에게 도움이 되기는커녕 오히려 독이 될 것이다. 엄마가 아이를 위해 꼭 해줘야 한다고 모두가 손꼽는 교육이라도 내 아이에게 필요한지 한 번 더 생각하고, 남들이 소홀하게 여기는 교육이라도 내 아이를 위해 꼭 필요하다면 선택할 줄 알아야겠다.

다시 한 번 강조하지만 전부를 만족시키는 해결책은 존재하지 않는다. 다만 내 아이를 위한 해법이 있을 뿐이다.

03 둘째는 알아서 잘하는데, 첫째가 고민이에요

인간은 평생을 통해 자아를 형성하고 발전해 가지만, 특히 유아기부터 초등 저학년까지는 엄마의 선택에 따라 영향을 크게 받는다.

EBS 〈생방송 60분 부모〉를 촬영하면서 나는 흥미로운 사실 하나를 발견했다. 둘째는 스스로 잘하는데 첫째가 고민이라고 말하는 부모가 많았다. 왜일까?

대개 첫아이를 낳으면 경험이 없는 데다 무엇보다 잘 키우고 싶은 기대감이 커서 아이의 의지와 상관없이 여러 가지를 시도한다. 입소문이 좋은 학원이라고 하면 무조건 보낸다거나 남다르게 가르치겠다며 특별한 프로그램들을 찾아다닌다.

그러다 보니 엄마 뜻대로 하기 위해 아이에게 무리하게 강요하거나 지나치게 빠듯한 일정을 강행하게 된다. 그러나 부모의 부푼 기대에 부응하는 아이는 매우 드물다. 아이도 심신이 지치기는 마찬가지이기 때문이다.

첫아이를 키우면서 이것저것 시도해 시행착오를 겪고 나면 첫째에게 성공한 교육은 둘째에게도 시키고, 잘못된 선택으로 실패한 교육은 둘째에게는 시키지 않는다. 첫째에게 요구한 것에 비해 둘째에게는 크게 요구하지 않고 자유롭게 내버려두곤 한다. 그 결과 둘째는 오히려 자율성이 높아져 스스로 원하는 분야에서 성취를 이루고 성격도 원만한 경우가 많다.

첫아이의 교육을 실패하는 현상은 과거에는 보기 드물었다. 경제적으로 어려운 우리 부모 세대는 자식 농사를 위해 학교교육 이외에는 별로 선택할 것이 없었다. 그러나 물질적인 풍요로움을 누리고 살아가는 요즘은 그 시절과 확연히 다르다. 아이가 태어나기 무섭게 엄마의 귓가에는 각종 광고, 인터넷 육아 카페, 옆집 엄마 등을 통해 수많은 교구재 연산, 영어와 예체능 조기교육, 영재교육 등 하루가 멀다 하고 달콤한 정보들이 쏟아져 들어온다.

'정보' 혹은 '노하우'라는 말에 혹하여 새로운 시도들을 한둘씩 늘리다 보면 아이는 공부에 대한 흥미를 잃고, 급기야 한때는 재미있어 했던 공부가 정말로 하기 싫은 일로 변해버린다. 옷은 잘못 사면 환불하는 것으로 끝나지만, 아이의 동기와 시간은 되돌리기 힘들다. 아무리 교육적으로 훌륭한 시도일지라도 아이에게 새로운 것을 시킬 때는 아이의 능력과 적성, 그리고 시간을 심사숙고하여 결정해야 할 것이다. '첫째라서……, 아이를 교육해 본 적이 한 번도 없어서……'라는 핑계는 첫아이도 둘째 아이만큼 소중하다면 용납될 수 없다. 첫아이를 위한 선택에 더욱 신중하여 최대한 실수를 줄이자!

04 아이의 학습 플랜은 얼마나 멀리 보고 짜나요?

때로는 과열된 교육열 탓에, 때로는 지나친 소신으로 아이를 가르치다 보면 시행착오가 생기곤 한다. 학부모 사이의 정보는 수평적으로는 상당히 빠른 속도로 전파되지만 수직적으로는 최대 3년 이상의 정보를 얻기가 힘들다. 왜일까?

또래의 초등학생 자녀를 둔 엄마들은 대학 입시는 먼 미래의 일이라고 생각해 무관심하고, 중·고등학생이나 대학생 자녀를 둔 선배 엄마들은 이미 지난 일이므로 별다른 관심이 없다. 학교나 학원 선생님도 아이의 먼 미래를 위한 전략에 대해서는 크게 관심을 두지 않는다.

또한 이미 달성한 일에 대해서는 과장하는 경향이 있어, 아이가 머리를 싸매고 열심히 공부했을지라도 특별한 준비 없이 특목고에 무난히 합격했다는 식의 엉터리 정보를 줄 위험이 있다. 따라서 초등학생 자녀를 둔 부모가 중·고등학생 자녀를 둔 부모에게서 자신이 원하는 정보를 얻기란 좀처럼 쉽지 않다.

어떤 부모도 초등학교 성적만을 위해 교육 플랜을 짜지는 않는다. 그런데도 아이가 중·고등학교에 진학하면 그간의 실수 때문에 후회하곤 한다. 그런 실수를 피하는 방법은 현재 초등학생인 아이가 중·고등학생이 됐을 때, 즉 3~5년 후 어떤 모습일지 상상하면서 계획을 세우는 것이다.

가장 선행돼야 하는 것은 아이의 적성과 재능을 제대로 파악하는 일이다. 많은 부모가 이 단계를 무시하는 경향이 있다. 첫 단추를 잘못 꿰면 마지막에 되돌릴 때 더 복잡하고 어려워진다는 것을 잘 알면서도 첫 단계의 중요성을 간과하곤 한다.

아이의 적성과 재능을 확인했으면 다음으로 아이와 함께 장래를 설계하고 그에 맞춰 장기적인 계획을 세우자. 이때도 아이의 의사를 존중하되 부모가 주도적으로 이끌어야 한다. 아이들은 아직 부모만큼 살아보지 않아 세상에 대한 정보가 거의 전무하기 때문이다. 부모가 아이의 목표를 함께 설정해 주지 않으면 학교에서 친하게 지내는 옆자리 짝꿍이나 수시로 드나드는 인터넷에서 익명의 누군가가 그 역할을 대신하게 된다. 이런 목표가 아이에게 적절하지 않다면 나중에 되돌리기 어려워진다.

이때 아이의 바람이 부모와 차이가 크다면 시간이 걸리더라도 대화를 통해 합의점을 찾아야 한다. 계획을 세우는 데 아이가 함께 참여할수록 책임감을 갖고 최선을 다하기 마련이다. 그리고 목표가 분명하면 아이도 부모도 주변의 말들에 흔들리거나 방황하는 등의 실수를 최소화할 수 있다.

05
내 아이는 내가 가장 잘 알아요!

"당연하죠. 부모가 모르면 누가 내 아이에 대해 알겠어요."

많은 부모가 당연하다는 듯 자녀의 실력을 잘 안다고 말한다. 하지만 부모와 자녀를 동시에 만나 이야기를 나눠보면 실상은 그렇지 않다는 것이 금방 드러난다. 부모는 내 아이의 정확한 실력을 모른다. 아이의 실력을 제대로 파악하지 못하면 적절한 학습 계획을 짤 수 없다. 실패하지 않으려면 아이에게 딱 맞는 계획을 세워야 하는데 무엇보다 아이의 실력을 정확히 아는 것이 우선이다.

나는 맞춤형 영어 교육 솔루션 프로그램인 〈엄마, 영어에 미치다!〉를 촬영하면서 부모들의 영어 교육 실태를 자세히 관찰할 수 있었다. 엄마들은 아이의 영어 실력을 상대적으로 잘 파악한다. 옆집 아이가 영어로 말을 하고, 책을 보고, 자막 없이 영화를 보는데 자기 아이는 그렇지 못하다는 것을 금세 알아챈다. 그와 동시에 위기감을 느끼고 영어 교육에 매달린다.

그런데 수학에 대해서는 다르다. 아이가 수학 시험은 곧잘 100점을 받으니 별다른 걱정을 하지 않는다. 한 반에 대여섯 명에서 많게는 10명까지 100점을 받는다는 사실은 간과한다. 초등 수학을 100점 맞는다고 해서 아이의 수리 능력까지 100점이라고 말하기는 어렵다. 그러나 많은 부모가 이런 사실을 중요하게 생각하지 않는다.

IQ 검사 결과, 수리 능력이 뛰어난 아이가 드문데도 대부분의 엄마들이 자녀의 수리 능력이 높다고 믿는 이유는 초등 수학 시험이 너무 쉽게 출제되기 때문이다. 초등 수학 시험은 난이도가 높지 않을뿐더러 문제를 푸는 시간도 충분하게 제공한다. 이때 똑같이 100점을 받는다 해도 어떤 아이는 10분 만에 문제를 다 푸는가 하면, 다른 아이는 시험 시간을 꽉 채워서야 간신히 마치기도 한다. 하지만 이 아이들 모두 100점을 받았기 때문에 부모들은 아무런 의심 없이 수리 능력이 같다고 믿는다.

그런데 중학생이 되면 사정은 달라진다. 시험의 난이도는 높아지고 시간은 빠듯하게 주어지기 때문에 수학 성적이 갑작스럽게 떨어질 수 있다. 많은 부모가 이 상황을 냉정하게 이해하지 못한다. 초등학교 때 수학을 잘하던 아이들이 고등학교 때는 어디로 사라지는지 심각하게 생각해 봐야 한다.

이보다 더한 오해는 국어에서 빚어진다. 국어는 교과 공부에서 가장 중요하고 근본적인 과목인데도 부모들은 책만 많이 읽으면 국어 성적이 좋아진다고 막연히 생각한다. 그래서 국어 공부를 소홀히 하기 일쑤이다. 그 결과 실력은 물론 아이의 머리가 좋아질 기회마저 잃는다. 막상 고등학생이 되면 국어 때문에 고생하는 아이가 의외로 많다. 그래서 초등학교 때는 영어 학원이 보이고, 중학교 때는 수학 학원이 보이고, 고등학교 때는 국어 학원이 보이는 것이다.

✿ Mom Summary

아이의 지능은 생각보다 낮다

- K-WISC3으로 지능검사를 실시한 경우보다 2011년 시판된 K-WISC4로 검사할 때 지능지수가 다소 낮게 나온다. 지능은 상대적인 위치를 평가하는 것인데 규준이 오래된 지능검사를 하다 보면 과거 학생들의 기준에서 현재 아이의 지능을 평가하게 된다. 따라서 최근 규준에 맞는 지능검사를 실시하는 것이 바람직하다.
- 예컨대 영어 과목만 해도 10년 전 상위 10퍼센트의 실력이 현재는 50퍼센트의 실력에도 못 미치는 것과 같은 이치이다. 물론 지능을 영어 성적과 단순 비교하는 데는 무리가 있지만, 심리학자들은 최근 규준에 맞는 검사를 해야 아이들의 정확한 지능을 평가할 수 있다고 주장한다.

06 학교 공부, 과연 아이에게 얼마만큼 도움이 될까요?

많은 부모들이 학교 공부를 평가절하한다. 그러나 학교 공부의 장점은 짐작하는 정도보다 훨씬 많다.

학교는 아이의 지능 발달을 돕는 공간이다. 교육 전공자인 선생님과 잘 조성된 교육 환경은 집에서는 도저히 제공할 수 없는 조건이다. 교육 프로그램도 아이의 지능을 향상시키는 방향으로 짜여 있다. 학교 교육이 구체적으로 지능 계발에 어떤 도움을 주는가는 앞으로도 상세히 설명하겠다.

한편 두뇌가 우수한 아이에게는 학교가 지루하고 우울한 곳으로 다가올 수 있다. 수업 시간에 이미 아는 내용을 들으니 학습에 호기심이 사라지고 흥미를 갖기 어렵다. 또한 공부의 양과 질이 아이의 능력에 비해 낮기 때문에 아이가 좀처럼 노력하지 않거나, 조금만 공부하면 좋은 점수를 받기 때문에 체계적으로 노력해서 공부하는 습관을 기를 기회를 잃을 수 있다.

만일 아이가 영재라는 판단이 든다면, 내 아이를 위해 학교 밖에서 자신만의 강점을 계발할 수 있는 방법을 적극적으로 찾아볼 필요가 있다. 학교 안에서는 교사, 교과서, 수업 난이도를 따로 설계하는 맞춤형 교육이 불가능하기 때문이다. 학교는 애초에 보편적인 교육을 통해 선량한 시민을 양성할 목적으로 세워진 교육기관이지 특수한 능력을 키워주는 곳이 아니다.

이렇듯 '학교 안'으로 대표되는 공교육과 '학교 밖'으로 대표되는 사교육은 교육 목적 자체가 다르다. 즉 공교육이 다수의 아이들을 대상으로 하는 보편적인 교육의 장이라면, 사교육은 개별 아이에게 필요한 맞춤형 교육의 장이다. 사교육을 한국 교육의 '공공의 적'으로 치부하는 사람들이 있는데 그것은 잘못된 생각이다. 오늘날과 같은 한국의 성장은 공교육과 사교육 공동의 협력으로 이루어진 것이지 어느 한쪽의 결실이라고만 말할 수 없다.

공교육과 사교육의 관계는 보완적인 것이지 결코 대체적인 것이 아니다. 세상 모든 것에는 장단점이 있듯이 공교육과 사교육도 마찬가지이다. 따라서 신중한 선택을 통해 공교육과 사교육의 단점은 최소화하고 장점은 **최대화하여**(간혹 그 특성을 무시한 채 공교육이 제공할 수 없는 것을 공교육에 요구하거나 사교육이 어찌할 수 없는 것에 대해 사교육을 비난하는 일이 있다) 내 아이에게 적합한 교육을 시키는 것이 가장 중요하다.

07
부모를 닮았으면
아이도 사교육 없이
공부를 잘하겠죠?

부모가 모두 서울대를 졸업했다면 사람들은 아이에게 "부모님이 공부를 잘해서 너는 걱정이 없겠다"고 말한다. 하지만 실상은 전혀 그렇지 않다. 오히려 부모의 경험이 아이를 위험하게 만든다

부모 세대는 대부분 사교육에 의존하지 않고 스스로 공부했다. 그러므로 과거에 공부를 잘한 부모는 아이도 자신을 닮아 사교육 없이도 스스로 공부를 잘할 것이라고 확신한다. 비록 지금은 공부를 못해도 언제든 아이가 결심만 하면 성적이 쑥쑥 오르고 명문대에도 무난하게 진학할 것이라고 믿는다.

더구나 부모 세대가 학생일 때는 최상위권과 중위권의 실력 차이가 크

지 않았다. 예를 들어 영어만 봐도 거의 모든 학생이 중학교에 진학하면서 알파벳을 처음 배우기 시작했다. 영미권 국가로 유학을 다녀온 학생은 거의 보기 드물었다. 간혹 선행학습을 한 학생도 있었지만 그저 한두 학기 과정을 앞서는 정도였기 때문에 마음만 먹으면 언제든지 따라잡을 수 있었다.

하지만 지금은 사정이 다르다. 일찍부터 자기 특성을 발견해 조기교육을 받는 아이가 생각보다 많다. 중학교에 진학하면서 영어 공부를 시작하는 학생이 초등학교에 입학하기 전부터 꾸준히 영어를 배운 학생을 따라잡기란 힘들다.

수학도 마찬가지이다. 물론 교과과정에 맞춰 공부하는 학생이 초등 6학년 때 미리『수학의 정석』을 공부하고 중학교에 진학한 학생보다 수학을 더 잘하는 사례가 더러 있지만, 결코 쉬운 일은 아니다.

세계적으로 '천재'라고 불리는 사람들의 공통적인 특성은 일찍 시작했다는 것이다. 조기교육의 장점보다 단점을 지적하는 경우가 많지만, 일찍 시작하는 것은 늦게 시작하는 것보다 유리한 것이 사실이다. 다만 주의할 점은, 그렇게 일찍 시작한 교육이 내 아이의 지능·능력·적성에 맞는 영역인지 냉철하게 판단해야 한다는 것이다.

어릴 때부터 아이가 재능을 보이는 영역은 일찍, 그리고 전문적인 강도로 시작해도 되지만, 아이에게 취약한 영역을 보완할 때는 아이의 성장과 발전 속도를 감안하여 쉽고 부드럽게 시작해야 도중에 포기하지 않는다. 그런데 현실은 정반대로 돌아가기 일쑤이다. 아이가 잘하는 영역은 안도감으로 방치하고, 못하는 영역은 불안감으로 학원이다 과외다 몰아붙여 아예 싫어지게 만든다.

    경제적으로 여유로운 시절에는 공부 역시 누가 먼저 적절히 시작했느냐의 싸움일 수밖에 없다.

08 나는 어떤 유형의 엄마인가요?

학습 유형(U&I) 검사에 따르면 사람들은 크게 행동형, 규범형, 이상형, 탐구형으로 나뉜다고 한다. 다만 탐구형은 독특하게 나만의 세계에서 사는 유형으로 일반적이지 않으므로 여기서는 생략하겠다.

내 아이는 어떤 유형이고, 부모인 나는 어떤 유형일까? 어떤 유형인가에 따라 아이의 공부법도 다르고 아이의 행동에 엄마가 대처하는 방법도 다르므로 일단 엄마가 먼저 자가 테스트(① 행동형, ② 규범형, ③ 이상형)를 해보자. 다음 일곱 가지 질문에 답해 보고 가장 많이 나온 것이 자기 유형이라고 이해하면 된다.

1. 내가 인생을 살아가는 태도는 어떠한가?

① 내 인생의 목표는 행복이다. 인생 뭐 있나, 단순하게 살자. 삶의 기쁨을 찾아 웃고 사는 게 최고이다.

② 살면서 지킬 건 지키고 살아야 한다. 나는 살아가는 데 원칙이 있다. 그것을 어기고 사는 것은 결코 올바르지 않다.

③ 사람은 모름지기 조화롭게 살아야 한다. 세상은 둥글게 사는 것이므로 남에게 피해를 주면 안 된다.

2. 고등학교 동창생끼리 해돋이를 보러 동해로 여행을 갔다. 하룻밤을 자고 다음 날 해돋이를 보기로 했는데 저녁식사 후 술자리가 길어지자 친구들이 차츰 취해갔다. 옛날이야기에 남편과 시댁 욕을 하면서 술을 마시는데 12시가 넘자 한 친구가 말했다. "이러다 내일 아침에 해돋이 못 보겠다." 이럴 때 나는 어떻게 행동하는가?

① 괜찮아. 내일 일찍 일어날 수 있어. 좀더 마시고 놀자.

② 아냐, 지금 자야 돼. 우리는 여기에 해돋이를 보러 왔잖아. 12시이니까 이제 자자.

③ 별다른 말 없이 대세에 따른다. 다 자면 자고, 다 깨어 있으면 깨어 있는다.

3. 마주 오는 차도 없고 경찰도 없고 사람도 잘 다니지 않는 길을 가다가 유턴을 해야 할 상황을 만났다. 이때 당신은 어떻게 할 것인가?

① '다칠 사람도 없고 이 정도 법규쯤은 어겨도 큰 문제가 안 돼'라고 생각하고 유턴한다.

② 신호등을 쳐다본다. 혼자 있더라도 남이 있을 때와 마찬가지로 보든 안 보든 지킬 건 지켜야 하니까.

③ 앞에 있는 차가 유턴을 하면 '돌아도 되나?' 하고 따라 돈다.

4. 자신이 늘 생활하는 집 안을 떠올려본다. 어디에 속하는가?
① 한번 했다 하면 잘하니까 마음먹고 청소하면 아주 깨끗하지만 보통 때는 지저분하다.
② 우리 집은 항상 정돈이 잘되어 있다.
③ 누가 올 때와 안 올 때의 차이가 심하다.

5. 내가 공과금을 내는 패턴은 어디에 속하는가?
① 주로 말일까지 기다렸다가 내는데 때로는 연체료를 지불하는 경우도 있다.
② 어차피 낼 거니까 공과금 고지서를 받자마자 바로 내버린다.
③ 말일 근처에는 반드시 내지만 미리 내는 경우는 별로 없다.

6. 나의 장보기 패턴이 어디에 속하는가?
① 장을 보러 가기 전에 뭘 살지 별로 생각하지 않는다. 슈퍼를 둘러보고 그날 사고 싶은 반찬거리를 산다.
② 미리 적어 간 것을 꼼꼼히 체크하며 산다.
③ 남들이 많이 모여 있는 곳에 가서 뭘 사는지 보고 따라 산다.

7. 아파트에서 생활할 때 나의 행동은 어디에 속하나?

① 쿵쿵댄다고 아래층 사람에게 만날 욕을 먹는다. 아래층에서 뭐라고 하면 잘못했다는 걸 깨닫지만 금방 잊어버리고 다시 쿵쾅거린다.
② 저녁 8시까지는 쿵쿵거리고 그 이후에는 조용히 한다. 그러다 8시 이전에 아래층 사람이 뭐라고 하면 8시까지는 소리가 좀 나도 참아야 하는 것 아니냐고 분명히 말한다.
③ 아랫집에 방해될까 봐 늘 발뒤꿈치를 들고 다닌다.

대체로 아이들은 행동형이, 엄마들은 규범형이 많다. 엄마가 원래는 행동형이었더라도 결혼 후 빠듯한 생활비 안에서 지출하며 알뜰하게 살려다 보니 자신도 모르게 규범형이 되어가는 것이다. 행동형 엄마는 아이의 성적이 나빠도 그냥 넘어가곤 하고 아이가 무슨 잘못을 해도 거의 혼내지 않는다. 규범형 엄마는 성적이 잘 나오는지, 학원에는 제때 갔는지, 신발은 똑바로 벗어놨는지, 책상은 제대로 정리되어 있는지…… 아이가 하는 일에 온통 관심이 많다.

그러므로 아이는 행동형인데 엄마가 규범형이면 아이는 옥죄인다. 엄마가 아이와 원만한 관계를 유지하려면 아이의 기질을 이해하려는 자세를 보여야 한다. 아이의 행동형 기질을 이해한다면 그에 맞는 올바른 학습법을 가르쳐줄 수 있다.

엄마도 규범형, 아이도 규범형이면 거의 문제가 생기지 않는다. 엄마가 학습 계획을 세우면 아이가 잘 따라주니까 엄친아로 자랄 가능성이 높다. 규범형 아이는 대체로 공부할 때 꼼꼼하게 계획하는 편이고 공부도 잘하는데 학습 계획표를 만들어놓지 않으면 공부를 못 한다. 이때 엄마가 행동형이라면 공부는 안 하고 만날 책상머리에서 계획표만 짜고 있는 아이가 답답해서 속이 터진다. 집중력은 행동형 아이보다 떨어진다.

행동형 아이는 몰아치기의 선수이다. 이런 아이는 공부할 때 덩어리 계획을 세워야 한다. 2시간 공부하기로 했다가도 공부가 잘되면 네다섯 시간 계속한다. 그런데 규범형 아이는 2시간 동안 공부하기로 계획했으면 딱 2시간을 지키려 한다. 규범형 아이는 자신이 하기로 정한 것을 다 했을 때 기쁘고, 행동형 아이는 자신이 하고 싶은 것을 다 했을 때 기쁘다.

이상형인 아이의 엄마는 배려심이 많아야 한다. 아이가 마음의 상처를 잘 입기 때문이다. 사람을 가리기 때문에 학원을 보낼 때 선생님에 대해 미리 알아봐야 하고 같이 다니는 친구도 매우 중요하다. 아이를 칭찬하지 않고 혼내면 아이는 공부를 하기 싫어진다.

반면 행동형 아이는 사람을 별로 타지 않는다. 사람들과의 사이에서 생긴 일을 금방 잊어버리기 때문이다. 행동형 아이는 자신과 마찬가지로 행동형 선생님을 만나면 좋다. 선생님이 "원래는 다음 장까지 진도를 나가기로 했지만 오늘은 이만큼만 공부하고 끝내자"라고 하면 행동형 아이는 아주 좋아한다.

하지만 이럴 때 규범형 아이는 "왜 하기로 정한 공부를 다 안 끝내요?"라고 싫어한다. 그러므로 가장 나쁜 조합은 행동형 선생님과 규범형 아이가 만났을 때이다. 자신과 비슷한 유형의 선생님을 만나야 별문제가 생기지 않을뿐더러 좀더 재미있게 공부할 수 있다.

또한 행동형 아이는 인터넷 강의를 진득하게 듣지 못하지만 규범형 아이는 제시간을 지켜 잘 듣는 등 기본적인 학습 스타일이 다르다. 그러므로 아이가 어떤 유형인지 알고 그에 알맞은 학습 계획을 세워줄 필요가 있다. 그런데 아이가 행동형이라도 학년이 높아져 점차 공부량이 많아지면 규범형 요소를 가미할 수밖에 없다. 따라서 공부 습관을 조금씩 바로잡아 규범형 기질을 키워주는 것은 부모가 할 일이다.

2장

아이의 머릿속에 잠든 지능, 어떻게 깨울까?

아이의 머리가 좋다는 것은 무슨 뜻인가요? | 머리는 좋은데 공부를 못해요. | 어떻게 하면 아이가 게임을 하지 않을까요? | 나쁜 머리도 좋아질 수 있나요? | IQ 검사 방법을 알려주세요. | IQ 검사로 는 무엇을 측정하나요? | IQ 검사는 어떻게 해석하나요? | IQ 검사는 언제 하는 것이 좋을까요? | IQ 검사를 꼭 해야 하나요? | 성적과 지능은 얼마나 관계있나요? | 어떻게 하면 학습 능력을 높일 수 있을까요? | 좋은 머리가 나빠지기도 하나요?

강점을 더욱 강화하고 약점을 보완하는 학습 계획은 내 아이의 공부 머리에 대한 정확하고 객관적인 진단에서 출발한다!

09 아이의 머리가 좋다는 것은 무슨 뜻인가요?

한 여성이 우아하게 상담실 문을 노크하고 들어온다. 자리에 앉자마자 "민 선생님, 우리 아이는 머리는 좋은 것 같은데 도무지 공부를 하지 않아요. 어쩌면 좋을까요?"라고 묻는다.

이미 짐작한 바여서 나는 전혀 놀라지 않는다. 오히려 "우리 아이는 머리가 좋지 않아요. 남들보다 많이 공부해야 겨우 따라잡을까 말까 한데도 아이가 도무지 노력을 안 해요"라고 고민을 토로하는 학부모를 만난다면 크게 당황할 것 같다.

엄마들을 만나보면 도대체 머리가 나쁜 아이들은 다들 꼭꼭 숨은 듯싶다. '엄친아(엄마 친구 아들)'들은 착하고 공부도 잘하는데, 내 아이만 머리는 좋은데 공부를 안 하나 보다.

막상 아이들을 가르쳐보면 현실을 직시하게 된다. 같은 수업 내용을 듣고도 고개를 끄덕이며 수업에 몰입하는 아이가 있는가 하면, 바로 이해하지 못해 고개를 갸웃대다가 질문을 하고 자세히 설명을 듣고 나서야 비로소 이해하는 아이도 있다.

또한 고개를 끄덕거리기는 하지만 초점 없는 눈으로 멍하니 딴생각에 빠져 있는 아이도 있다. 이 아이에게 수업 내용을 알아들었냐고 물으면 대답은 "네"라고 한다. 그런데 방금 들은 내용을 말해 보라고 요구하면 아이는 겸연쩍어하며 고개를 떨군다.

아이의 머리가 좋은지 나쁜지는 상대적으로 평가된다. 100명이 있으면 반드시 상위 1퍼센트와 하위 1퍼센트가 있기 마련이다. 부모는 내 아이의 수준이 어디에 해당하는지 정확하게 파악해야 한다. 그런 다음 아이의 수준에 맞는 공부의 양과 내용, 선행 정도 등을 결정해 발전적인 방향으로 이끄는 것이 중요하다.

이 작업은 초등 시절이 지나면 방법을 알아도 실행하기 힘들다. 중학생이 되면 아이가 공부할 양이 월등히 많아지고 수시로 다가오는 중간·기말고사를 준비하느라 자기주도적으로 공부하기가 오히려 더 어려워지기 때문이다.

과연 당신의 아이는 머리가 좋을까? 보통 머리가 좋은 아이들은 다음과 같은 특징을 갖고 있다.

어휘력이 훌륭하다

　사람은 언어로 생각하고 언어로 표현하는 만큼 어휘력이 좋으면 많이 사고하고 잘 표현할 수 있다. 반면 어휘력이 약하면 책 읽는 속도와 독서의 정확성이 떨어지므로 자연스럽게 이해력도 낮아질 수밖에 없다.

　어휘력은 지능에서 매우 중요한 요소이다. 주변을 둘러봐도 지능은 떨어지는데 말을 잘하는 경우는 극히 드물다.

　학생들을 가르치다 보면 어휘력이 약해 수업 내용을 이해하지 못하는 아이가 허다하다. 또한 영어 단어를 많이 알아도 국어 실력이 형편없다면 독해력과 추론력이 좋을 수 없다.

　일반적으로 어휘력을 기르는 데 독서가 좋다고 하지만 실제로는 독서량이 상당해도 어휘력이 떨어지는 아이가 많다. 책을 읽으면서 내용은 이해하지만 단어 하나하나를 꼼꼼하게 외우지 않기 때문이다.

　요즘 조기 유학을 다녀오는 아이가 많은데 상당수가 국어 공부에 공백이 생겨 귀국 후 학습에 어려움을 호소한다. 만약 조기 유학을 계획한다면 유학 기간뿐 아니라 귀국 후에도 국어 공부를 충분히 해서 어휘력을 유지하는 것이 중요하다.

　엄마들은 대부분 어린 시절 유학의 경험이 없다. 그래서 우리말을 1년쯤 하지 않아도 아이가 국어 수업 정도는 한국으로 돌아오면 얼마든지 잘 따라갈 것이라고 쉽게 생각한다. 하지만 현실은 그렇게 녹록하지 않다. 우리말 실력은 초등학교 시절에 가장 빨리 늘어난다. 그런데 이 중요한 시기에 국어로부터 1년간 떨어져 지내면 시간이 지나도 잘 회복되지 않는다. 어휘력은 사고력의 토대가 되어주므로 좋은 머리를 위해서는 국어 공부에 신경 써야 한다.

기억력이 우수하다

흔히 머리가 좋다고 하면 단기기억력이 좋다는 뜻이다. 장기기억력이 좋다는 것은 곧 성실하다는 의미이다. 장기기억은 반복을 통해 만들어지기 때문이다.

많은 사람들이 무작정 외우는 주입식 교육은 나쁘다고 말한다. 별생각 없이 들으면 크게 잘못된 말은 아닌 것 같다. 또 이해하는 것이 중요하지 암기할 필요는 없다고 말하는 사람들도 있다. 참으로 답답한 소리이다. 외우는 것은 능력이다. 특히 초등학교 때 기억력을 키우는 것은 지능의 발달 과정에 매우 중요하다.

한번은 수업 시간에 학생들을 대상으로 원주율을 외우게 했다. 3.141592……. '마법의 일곱 자리'까지는 누구나 쉽게 외웠다.

마법의 일곱 자리란 일곱 자리까지는 잘 외워지지만 그 이상이 되면 노력을 기울여야 외울 수 있다는 이론이다. 전화번호(070-1599-××××)나 주민등록번호(120101-×××××××) 구조도 쉽게 기억할 수 있도록 이 원리가 적용되어 있다.

나는 원주율을 가장 많이 외우는 학생에게 상을 주겠다며 외적 동기를 부여했다. 그 결과 매우 흥미로운 일이 일어났다. 한 아이가 스물여덟 자리까지 외운 것이다!

한 방송사에서 학생들을 대상으로 흔히 단순 암기라고 하는 작업기억력을 훈련시키는 실험을 실시했다. 일정한 시간 동안 훈련받은 아이들의 단기기억력이 좋아졌고, 그 결과 전체 학생의 성적이 향상됐다. 다시 말해, 외우고 또 외우다 보면 나름대로 암기하는 요령을 터득하게 된다. 또한 이는 암기가 성적과 직접적인 상관관계가 있음을 알려주는 실험 결과이다.

초등학교 때부터 미리 작업기억력을 훈련하면 학년이 올라갈수록 늘어나는 암기량에 대비할 수 있다. 또한 작업기억력이 좋으면 수업 내용을 많이 기억하고, 계산이 빨라지며, 한 번에 많은 양을 동시에 외울 수 있기 때문에 좋은 성적을 받는 데 유리하다. 단어를 금방 외울 수 있으므로 어학 공부에도 요긴하다.

공간지각력이 뛰어나다

수학에서 대수는 잘하는데 기하는 잘 못하는 학생들이 있다. 말로는 줄줄 설명을 잘하지만 지도 읽기나 입체감에 취약한 학생들도 있다. 이런 경우 공간지각력이 낮은 것이다.

요즘 아이들은 야외에서 활동하기보다 실내에서 학습하는 시간이 월등히 많아서 공간지각력이 낮은 경우가 많다. 어릴 때 레고나 은물, 가베 같은 교구재를 잘 활용하면 공간지각력을 계발할 수 있다.

독서의 중요성은 누구나 잘 안다. 그러나 아이가 책에만 파묻혀 지내다 보면 상대적으로 공간에 대한 이해가 떨어질 수 있다. '과유불급(過猶不及)'이라고 했다. 독서를 지나치게 강조한 결과 놓치는 부분은 없는지, 부모라면 주의 깊게 살펴보는 지혜가 필요하다. 모든 선택에는 대가가 따르기 마련이다. 책을 많이 읽어서 언어 능력은 좋아졌을지라도 그만큼 공간지각력은 떨어질 수 있다.

공간지각력이 떨어져도 초등학교 학업에는 별문제가 없다. 초등 교과과정에서는 수준 높은 공간지각력을 요구하지 않기 때문이다. 그러나 학년이 높아져 삼각함수가 등장하고 타원과 벡터가 나오면 사정이 달라진다. 머릿속에 도형의 이미지가 그려지지 않으면 수학·과학 공부가 어려워진다.

일반적으로 여자보다 남자가 공간지각력이 좋다고 한다. 그런데 최근 발표된 연구 결과에 따르면, 성별 특성보다는 성장 환경이 공간지각력에 더 큰 영향을 미친다. 여자아이는 주로 인형과 대화하며 앉아서 논다. 반면 남자아이는 장난감 로봇이나 자동차를 갖고 움직이며 논다. 또한 여자아이는 주로 실내에서 정적으로 놀고, 남자아이는 야외에서 동적으로 뛰논다.

이러한 성장 환경의 영향으로 남자아이가 여자아이보다 공간지각력이 발달하고 과학·수학 성적이 상대적으로 좋다. 여자아이도 공간지각력을 자극하는 환경에서 자란다면 남자아이 못지않게 공간지각력을 계발할 수 있다는 뜻이기도 하다.

문제 해결 능력이 뛰어나다

공부를 하다 보면 지금까지 경험하고 학습한 내용을 조합해서 답을 완성해야 하는 경우가 종종 생긴다. "현재 서울보다 더 좋은 수도를 찾는다면 어디가 좋을까?" 같은 질문에 답하기란 간단하지 않다. 수수께끼, 퍼즐, 미로 찾기 같은 경우도 지금까지 배웠거나 알고 있는 모든 정보를 활용해서 답을 구해야 한다.

문제 해결 능력이란 단순히 공식을 대입해서 문제를 푸는 것이 아니라 수단과 방법을 총동원해서 문제를 해결하는 것이다. 머리 좋은 아이는 이런 복잡한 유형의 문제 풀기를 좋아한다. 쉽사리 답이 나오지 않기 때문에 지구력, 집착력, 인내력 등 잠재된 재능을 전부 동원한다. 이 과정에서 짜릿한 흥분을 느끼고, 비로소 답을 발견했을 때는 뿌듯한 만족감을 경험한다.

문제 해결 능력이 가장 요구되는 과목은 수학이다. 개념 정의와 공식을 모조리 외우고 있어도 이것을 바로 대입해서 풀 수 없는 문제가 많다. 논술 형태의 응용문제들도 문제 해결 능력이 뛰어나야 제대로 접근하여 쉽게 풀 수 있다.

대학은 수학을 잘하는 학생을 선호하는 경향이 있다. 그 이유는 단순히 시험 점수가 높아서라기보다 어떻게든 다각도로 사고해 답을 찾아내는 문제 해결 능력을 높이 평가하기 때문이다.

사회현상을
잘 이해한다

지능을 생각할 때 간과하지 말아야 할 것이 또 있다. 바로 공부 머리도 중요하지만 그것에 못지않게 사회적인 지능도 뛰어나야 한다는 사실이다. 아이가 공부를 잘하는 것도 중요하지만 무거운 짐을 힘겹게 들고 가는 할머니를 봤을 때 얼른 다가가서 도와줄 줄 아는, 사회를 이해하는 머리도 좋아야 한다는 뜻이다.

사회에는 일반적으로 통용되는 상식과 규범이 있다. 머리 좋은 아이는 사회가 요구하는 규범과 상식을 이해하고 이를 잘 지킨다. 그래서 영재들은 상대적으로 윤리적이고 준법정신이 강하며 정의를 추구하는 성향이 뚜렷하다.

머리 좋은 아이는 다른 사람을 도울 때 스스로 만족감을 느낀다. 편법이 아닌 정당한 방법으로 문제를 해결했을 때도 성취감을 느낀다. 머리가 좋다는 것은 사회적으로 정당한 것과 부당한 것을 이해하는 능력이 뛰어나다는 뜻이기도 하다.

반면 사이코패스나 지능범죄자의 경우 두뇌 발달이 불균형한 상태이거나 뇌의 일부분이 비정상적으로 작동한다는 연구 결과가 있다. 서울대학병원이 실시한 실험 결과에 따르면, 공격적인 범죄자의 뇌에서 공격성을 관장하는 부분을 레이저 시술로 일부 제거했더니 공격성이 30퍼센트나 줄었다고 한다.

눈치가 빠르다

머리 좋은 아이는 대개 순한 편이다. 순하다는 것은 상대방의 기분을 잘 헤아려 분위기에 맞게 처신한다는 뜻이다. 상대방의 기분을 불쾌하게 만드는 일은 거의 하지 않는다. 이것은 곧 사회적 추론 능력이 높다는 의미이기도 하다.

머리 좋은 아이는 공격성이 강하지 않고 상대방이 무엇을 원하는지 잘 간파한다. 그래서 자기가 원하는 것이 있으면 엄마의 기분을 잘 살피다가 최적의 순간이라는 확신이 왔을 때 요구를 한다. 또한 상대방이 무엇을 원하는지 알기 때문에 리더십을 효과적으로 발휘한다. 이 점은 언어성 지능보다 동작성 지능이 좋은 아이들의 특성이기도 하다.

그런데 머리 좋은 아이 가운데 언어성 지능은 높지만 동작성 지능이 떨어져서 상대방을 기분 나쁘게 하거나 당황하게 만드는 괴짜가 더러 있다. 사람들은 괴짜들에 대해 종종 천재라며 치켜세우지만, 엄밀한 의미에서 '불균형한' 천재이다. 전체적으로 균형 잡힌 머리가 진정으로 우수한 두뇌이다.

연산력이 뛰어나다

머리 좋은 아이는 연산을 정확하고 빠르게 한다. 자신이 직접 눈으로 보고 푸는 능력이나 다른 사람이 불러주는 문제를 귀로 듣고 푸는 능력이 뛰어나다. 컴퓨터에 비유하자면, 계산 속도가 빠르다는 것은 CPU 성능이 좋다는 뜻이고 암산을 잘한다는 것은 메모리 용량이 크다는 의미이다.

암산 훈련으로 연산력을 계발할 수 있다. 연산력은 두뇌 계발에 필수적인 영역이다. 초등 과정 6년을 마칠 때까지 사칙연산력만 제대로 익혀도 수학의 90퍼센트는 완성했다고 볼 수 있다. 그런데 어려서부터 학습지를 풀며 꾸준히 연산 훈련을 했는데도 정작 IQ 테스트 결과에서는 연산력 수치가 낮은 경우가 많다. 여기에는 일정 부분 엄마에게 책임이 있다.

연산을 잘하든 못하든 아이들은 대부분 연산 과정을 지겨워한다. 그런데 엄마한테 꾸중까지 들어가며 억지로 연산 훈련을 했다면 마음속에 거부감이 생겨 연산을 극도로 싫어하게 될 수 있다. 또한 연산은 빠르고 정확하게 푸는 것이 중요한데, 대개 엄마들은 정확성에는 민감하지만 속도에는 둔감하다. 빠른 연산력을 훈련하려면 선생님의 지도 아래 단체로 연습하는 것이 도움이 된다.

Mom Summary

IQ는 어떻게 측정하나요?

- 부모 모두 IQ가 높으면 자녀도 IQ가 높을 가능성이 크다. 부모 한쪽만 IQ가 높은 경우에도 자녀의 IQ가 높을 수 있다. 마찬가지로 부모 모두 IQ가 낮다면 자녀의 IQ가 높을 가능성은 적다.

- IQ가 높은 아이는 상대적으로 말을 일찍 배우고, 글을 습득하는 속도가 빠르며, 호기심이 많고, 집중력이 뛰어나고, 숫자를 좋아하며, 기억력이 좋다.

- 유아는 K-WIPS·K-ABC 등으로, 초등학생과 중학생은 레이븐 검사·K-WISC·서면 검사 등으로 IQ를 측정할 수 있다. 서면 검사는 간단하지만 저렴하다는 장점이 있고, K-WISC 같은 일대일 대면 검사는 정밀한 만큼 비용이 비싸다.

10 머리는 좋은데 공부를 못해요

　　　　　　　　　우리는 일반적으로 머리만 좋으면 공부를
잘할 거라고 생각하지만 결코 그렇지 않다. 공부를 잘하려면 부모와의
관계, 친구와의 관계, 건강 상태, 집안의 경제력…… 전부 좋아야 한다.
사실 그중에 하나만 부족해도 공부를 못하는 요인으로 작용한다.

　예를 들어 친구와 싸웠는데 공부가 잘될 리 없고, 허구한 날 엄마한
테 혼나는 아이가 멀쩡하게 공부에 집중할 수 없다. 또 감기에 걸려 열
이 펄펄 나는데 시험공부가 제대로 되겠는가. 이처럼 공부를 잘하기 위
해서는 머리뿐 아니라 여러 요인이 뒷받침돼야 한다.

　이 말은 공부를 잘할 수 있는 요인은 머리가 전부가 아니라는 뜻이
다. 머리는 단지 공부를 잘할 수 있는 중요한 조건 중 하나일 뿐이다. 머

리가 좋아서 남보다 유리한 점이라면 자기보다 위 학년 과정을 미리 공부할 수 있다는 것밖에 없다. 웩슬러 검사 기준으로 IQ 130인 아이는 자기보다 3년 정도 위 학년인 아이의 머리를 갖고 있다고 짐작하면 된다.

만약 아이가 머리는 좋은데 영 공부를 못한다면 혹시 게임 중독에 빠진 것은 아닌지 의심해 볼 필요가 있다. 머리 좋은 아이는 상대적으로 게임에 중독될 가능성이 높다. 게임을 해서 얻는 성취감은 시험에서 100점을 맞는 것 이상으로 짜릿하다. 그러므로 머리가 좋으면 그만큼 성취감을 느끼기 쉽고 그것이 매력으로 작용해서 자꾸만 게임에 빠져드는 것이다. 만약 머리 좋은 아이라면 게임을 멀리하도록 미연에 조심해야 한다.

의외로 부모들은 게임에 너그러운 편이다. 게임이 해롭다는 것은 알지만 다른 아이들도 다 하니까 어쩔 수 없다고 생각한다. 하지만 게임의 해악은 생각보다 훨씬 심각하다. 아이가 "엄마, 1시간 공부했으니까 10분만 게임해도 되죠?"라고 말하는 것은 초등학생이 "엄마, 1시간 공부했으니까 담배 한 대 피울게요"라고 말하는 것과 같다. 비유가 좀 지나치다고 생각하는가. 그만큼 초등학생에게 게임이 위험하다는 뜻이다.

머리 좋은 아이라면 문제는 더 심각하다. 머리 좋은 아이는 단 세 차례의 경험만으로도 게임에 중독될 가능성이 높다. 공부를 잘해서 느끼는 우월감보다 게임을 잘해서 얻는 성취감이 더 자극적이기 때문이다.

게임은 애초에 중독을 목표로 만들어졌다. 2010년 기준으로 청소년 인터넷 중독자는 87만 7,000명이며, 이 가운데 9~12세 초등학생도 33만 7,000명에 이른다. 특히 눈여겨봐야 할 대목은 인터넷 사용 목적의 65퍼센트가 게임이라는 사실이다.

나는 어머니의 손에 이끌려 온 중학생을 상담한 적이 있다. 그는 전교생 360명 중 330등을 하는 최하위권 학생이었다. 그런데 IQ만 보자면 놀랍게도 상위 2퍼센트 이내에 드는 영재였다. 그 정도 머리라면 수업 시간에 눈만 뜨고 있어도 상위 20퍼센트 이내의 성적은 무난히 나와야 정상이고, 조금만 공부하면 거뜬히 10퍼센트 이내에 들 수 있다.

처음에 나는 그 머리에도 불구하고 성적이 하위 10퍼센트라는 것을 어떻게 해석해야 할지 난감했다. 수업 시간에 공부는 하지 않고 딴생각을 하거나 아예 잠을 잔다고밖에는 짐작이 안 됐다. 상담을 진행하면서 그 원인을 이해할 수 있었다. 그 학생은 매일 3시간 정도 게임을 한다고 했다. 아이의 엄마도 그렇게 알고 있었다. 그런데 여기서 부모가 알아둬야 할 것이 있다. 아이가 실제로 게임을 하는 시간은 부모가 알고 있는 것의 세 배쯤 된다!

그 학생이 공부를 못하는 이유는 다름 아닌 게임 중독 때문이었다. 게임에 중독된 아이는 수업 시간에 칠판을 보면서도 머릿속으로 모니터를 그려놓고 게임을 한다. 아니면 부족한 잠을 보충하는 수면 시간으로 사용하거나.

결론적으로 아이가 머리는 좋은데 공부를 못한다면 제일 먼저 게임 중독을 의심해 보자. 만약 아이가 이미 게임에 중독됐다면 당장 단호한 의지로 치료에 나서야 한다.

게임에 빠져 사는 것도 아닌데 머리 좋은 아이가 공부를 못한다면 동기를 찾지 못한 것은 아닌지 살펴봐야 한다. 좋은 머리로 아무리 그럴싸

한 계획을 세웠더라도 그것을 실천하는 데는 동력이 필요하다. 이때 학습 동기가 매우 중요하다. 반드시 공부를 해야만 하는 자신만의 뚜렷한 이유를 갖고 있으면 어떤 상황에서든 공부에 매진한다.

아이가 학습 의지를 버린다면 부모는 최적의 공부 환경을 조성해 줘야 한다. 동기의 중요성에 대해서는 뒤에서 자세하게 설명하겠다.

♣ Mom Summary

IQ와 공부

- IQ와 학령기 아동의 성적 사이의 상관계수는 약 50으로 상당히 높은 편에 속한다.
- IQ가 좋으면 학습 초기에 쉽게 몰입하는 반면, IQ가 나쁘면 학습에 몰입하는 데 어려움을 느낀다.
- 학습 계획을 짤 때는 IQ가 중요하지만, 보다 높은 수준의 성취는 오히려 동기나 자제력에 의해 결정된다.

11
어떻게 하면 아이가 게임을 하지 않을까요?

　　　　　　　　일단 아이가 처음부터 아예 게임을 접하지 못하도록 원천적으로 차단하는 것이 가장 좋지만, 각종 자극적인 미디어에 노출되기 쉬운 환경 속에서 그것은 거의 불가능한 일이다. 게다가 게임을 개발하는 사람들이 곧잘 내세우는 것처럼 머리가 그다지 좋지 않은 경우에는 게임을 통해 어느 정도 두뇌 계발 효과를 얻을 수 있기도 하다. 그러나 게임이 위험한 것은 중독성 때문이다.

　게임에 중독되면, 아이가 하고 싶은 게임은 말리고 하기 싫은 공부를 채근하며 승강이하느라 부모와의 관계가 악화되고 학교생활에 지장이 생기며, 나아가 좋은 상급 학교에 진학하는 데도 실패하게 된다. 아이가 스스로 자제력을 발휘하여 공부와 게임을 조율할 수 있으면 게임은 공부 스트레스를 해소하는 방편이 되지만, 어른에게도 그 유혹을 떨치는 일은 어려우므로 아이에게 요구하지 못한다. 부모가 게임에 집중되어 있는 아이의 관심을 다른 곳으로 돌려야 한다.

첫째, 게임보다 더 좋아하는 것을 만들어줘라.

한 엄마는 상담실에 앉자마자 아이가 게임을 너무 많이 한다고 하소연하기 시작했다. 그런데 대화를 나누다 보니 아이가 게임보다 더 좋아하는 것이 있었다. 그것은 부모와 함께 보드 게임을 즐기는 것과 역사 드라마를 시청하는 것이었다.

나는 일단 아이가 게임을 하려는 시간에 부모가 함께 보드 게임을 하면서 아이의 가정생활과 학교생활에 관해 자연스러운 대화를 유도하고, 역사 드라마를 보는 시간에 실제 역사와 드라마가 어떻게 다른지 이야기하면서 역사에 대한 상식을 넓혀주라고 권했다. 그러자 날카로운 승강이가 사라진 아이와 부모의 관계가 부드러워졌고, 아이도 이전처럼 게임에만 매달리지 않은 채 스스로 제어해 보려 노력하는 정도로 나아졌다.

IQ는 상위 7퍼센트에 드는데도 게임 중독으로 성적은 꼴찌 언저리를 맴돌던 사춘기 남학생의 부모와 상담할 때는 '예쁜 과외 선생님'을 제안했다. 그랬더니 아이는 게임 시간보다 과외 시간을 더 기다렸고, 선생님에게 잘 보이기 위해 숙제도 열심히 했다. 한 달도 채 지나지 않아 성적이 향상됐고 공부를 통해 성취감을 느끼기 시작하면서 아이에게는 공부 습관이 몸에 배었다.

둘째, 게임을 좋아하는 아이에게 당장 금지하면 오히려 반발심을 불러오므로 게임 시간을 제한하라.

그런데 아이에게 게임을 제한적으로 허락할 때 '1시간 공부, 10분 게임'을 제안하는 것이 가장 나쁜 방법이다. 1시간 공부를 시키기 위한 대가로 10분 게임을 보상하면 아이에게는 '1시간 공부'가 '10분 게임'을 위한 목표가 된다.

그래서 아이는 게임을 하기 위해 공부 시간을 대충 흘려보낸다. 30분 공부하고는 아직도 30분이나 남았다고 지루해하고, 50분 공부하고는 이제 10분만 지나면 게임할 수 있다고 손이 근질거린다. 반대로 게임하는 동안에는 '벌써 5분이나 지났네, 5분만 있으면 또 공부해야 하네' 하고 눈살을 찌푸린다. 즉 아이는 공부할 때는 아직도 게임을 하려면 이렇게나 시간이 많이 남았다고 생각하고, 게임할 때는 벌써 공부를 해야 하는 시간이 다가왔다고 생각한다. 공부는 하기 싫고 지겨운 일, 게임은 하고 싶고 재미있는 일로 바뀌어 공부 시간 중 절반 이상은 게임 생각에 빠져 공부가 제대로 되지 않는다.

셋째, 아침에 게임을 하게 하라.

아침은 이성적인 시간이다. 사람들은 이성적인 시간에 하는 일에는 좀처럼 중독되지 않는다. 특히 아침에는 학교에 가야 하기 때문에 게임을 하다가도 자연스레 중단한다. 게다가 아침에 모니터 화면의 밝은 빛을 보는 것은 오히려 각성 효과를 가져와 수업에 집중하는 데 도움이 된다. 아이가 밤에 게임을 하면 엄마 몰래 밤샐 수도 있고, 잠들기 전에 했던 게임의 잔상이 머릿속에 남아 깊은 수면을 방해하거나 기억력에 영향을 미친다.

날마다 게임을 하느라 늦잠을 자는 형제 때문에 엄마의 고민은 이만 저만이 아니었다. 밤늦게 게임한 아이들을 아침마다 깨우는 것도 고역이었고, 아이들과 아침 운동을 하고 싶은 아빠도 늘 불만스러워했다. 형제에게 아침에만 게임을 하도록 허락했더니 아이들도 게임을 아예 못 하게 하지는 않으므로 이에 대해 수긍했다.

그 결과 형제는 아침에 게임을 하기 위해 앞다퉈 일찍 일어날 뿐 아니라 서로를 깨워주기까지 했다. 가족이 전부 일어나 있으니 모두 아침 식탁에 함께 둘러앉는 일도 당연하게 여겨졌고 아빠와 잠시 운동하는 일도 즐거워했다. 간혹 아이들이 늦잠을 자서 게임을 못 하는 날도 있었지만, 자기가 일어나지 못했으므로 부모를 원망하지 않고 자신의 탓으로 돌렸다. 이 방법을 아이에게 적용하기 어렵다면 주말에 4~5시간쯤 게임을 허락하되, 평일에는 '게임 금지!'를 철저하게 지켜야 한다.

12 나쁜 머리도 좋아질 수 있나요?

　　　　　　　IQ는 타고난 대로 고정되어 불변하는 것일까, 아니면 노력 여하에 따라 좋아질 수도 있을까? 결론부터 말하자면 IQ는 후천적인 노력으로 충분히 좋아질 수 있다.

　할아버지·아버지 세대보다 지금 아이들이 훨씬 머리가 좋다. 왜 그럴까?

　세대별 생활상을 비교해 보자. 할아버지 세대는 어릴 때 자치기나 윷놀이 등을 하고 놀았다. 아버지 세대는 딱지치기나 브루마블 등을 하고 놀았다. 지금의 아이들은 한번 놀려면 복잡한 컴퓨터 게임 규칙부터 깨우쳐야 한다.

　또 멀리 이동할 때 할아버지 세대는 주로 걷거나 말을 이용했고, 아버지 세대는 버스나 기차를 타고 다녔다. 지금 아이들은 10개가 넘는 노선으로 어지럽게 뒤엉킨 지하철을 혼자서도 잘 이용한다. 카드를 충전하고 게이트를 통과하고 환승을 하는 등 복잡한 과정을 별 무리 없이 해결한다.

자기 의사를 전달할 때도 마찬가지이다. 할아버지와 아버지가 어렸을 때는 말로 하거나 편지를 썼지만 지금은 주로 이메일이나 스마트폰으로 소통한다. 한마디로 말해 세상은 상상할 수 없을 만큼 복잡해졌다. 사고하지 않으면 놀지도 말하지도 이동하지도 못하게 됐다.

그뿐만이 아니다. 과거에는 아이들이 읽어야 할 책이 기껏해야 사서삼경이면 충분했다. 하지만 지금은 초등학교 때 이미 수백 권을 읽어야 한다. SF 영화라도 볼라치면 방대한 사전 지식 없이는 내용을 이해하지 못한다. 생활환경이 복잡하다 보니 현대인은 원하지 않아도 옛날 사람보다 머리가 좋아질 수밖에 없다.

IQ가 유전에 의해 결정되는지, 환경에 의해 계발되는지에 대해서는 아직도 전문가들 사이에 의견이 분분하다. 하지만 최근 피츠버그 대학의 연구진이 《네이처》에 발표한 논문에 따르면, 유전자가 지능에 미치는 역할은 48퍼센트 정도라고 한다.

시간이 갈수록 지능이 좋아진다는 주장은 '플린 효과(Flynn Effect)'라는 이름으로 보고된 바 있다. 정치학자 제임스 플린에 의해 처음 제기됐는데, 시간의 흐름에 따라 IQ가 점차 상승하는 현상이다. 지난 100년 동안 IQ는 꾸준히 상승세를 이어왔다. 여기서 주목할 점이 하나 있다. 언어성 지능보다 비언어성 지능이 더 많이 높아졌다는 사실이다.

지속적으로 머리가 좋아지는 이유를 설명하기 위해 과학자들은 새로운 형태의 '환경적인 자극'을 유력한 원인으로 주목한다. 그중 대표적인 인물이 칼 랜섬 로저스이다. 2002년, 그는 만약 똑똑한 사람이 더 똑똑해졌기 때문에 평균 IQ가 상승한 것이라면, 과거의 환경에는 없던 새로운 형태의 자극이 증가했기 때문으로 봐야 한다고 주장했다.

인터넷과 게임, 스마트폰으로 대표되는 각종 첨단 기기 등 하루가 멀다 하고 발달하는 과학기술 문명과 화려한 엔터테인먼트 산업의 결과물들은 원하든 원하지 않든 현대인의 뇌를 자극하며 IQ를 높이는 데 일조한다.

정리하자면 IQ는 고정불변이 아니다. 충분히 좋아질 수 있다. 지금 이 순간에도 끊임없이 인류의 IQ는 좋아지고 있다.

❁ Mom Summary

IQ와 환경

- 유전은 지능의 형성에 중요한 부분을 차지한다. 그러나 환경 역시 지능 발달에 큰 영향을 미친다.

- 서로 다른 환경으로 입양된 일란성 쌍둥이의 IQ가 차이 나는 등 환경이 지능에 미치는 영향이 크다는 것을 입증하는 자료가 속속 등장하고 있다.

- 지능은 노력에 의해 평생 동안 발전할 수 있다. 특히 유아기와 아동기 때 지능의 발전 속도가 빠르다.

13
IQ 검사 방법을 알려주세요

IQ를 측정하는 방법에는 여러 가지가 있다. 그중 추정치를 얻을 수 있는 방법은 바로 유전과 관찰이다.

앞에서 언급했듯이 유전은 IQ에 적지 않은 영향을 미치므로 무시할 수 없는 요인이다. 부모 모두 IQ가 높거나 한쪽의 IQ가 높은 경우에는 아이의 IQ도 높을 가능성이 크다. 하지만 부모 모두 IQ가 낮다면 아이의 IQ가 높으리라고 기대하기 힘들다.

아이가 평소 보여주는 행동을 통해서도 어느 정도 IQ를 예상할 수 있다. 하지만 추정치는 말 그대로 예상에 지나지 않는다. 객관적인 수치로 또래 아이들과 비교해 보고자 한다면 지능검사를 하자.

지능은 가장 최근 개정된 검사를 받는 것이 좋다. 과거에 표준화된 검사를 실시하면 IQ가 더 높게 나오기 때문이다. 경우에 따라서는 10점까지 차이가 나므로 검사를 하기 전에 미리 확인해야 한다. 구체적으로 어떤 검사가 있는지 살펴보자.

◐ 집단 검사와 개인 검사 집단 지능검사는 보통 학교나 단체의 신청으로 이루어진다. 서면 검사가 대부분이다. 비용이 저렴하고 다수가 동시에 임할 수 있기 때문에 시간이 절약되는 장점이 있다. 하지만 도구를 조작하는 등 비언어적 능력은 측정이 불가능하고, 지문을 이해하는 능력이 떨어지는 아이들이 가진 잠재 능력을 정확하게 알기 어렵다는 한계가 있다.

일대일 대면으로 이루어지는 개인 지능검사는 비언어적 능력도 측정할 수 있고, 단순히 지능뿐 아니라 행동 특성도 분석하여 더욱 정확한 결론을 얻을 수 있다. 하지만 시간과 비용은 그만큼 더 많이 든다.

대면 지능검사의 대표적인 도구는 데이비드 웩슬러가 개발한 웩슬러 검사이다. 개인 지능검사로서 검사자와 아이가 대화를 나누며 검사를 진행한다. 이런 방법은 긴장감을 완화시켜 아이가 자기 능력을 최대한 발휘할 수 있는 분위기를 조성한다. 또한 검사자가 아이를 주의 깊게 관찰함으로써 성격과 심리 같은 인성적인 면면까지 파악할 수 있다.

◐ K-WISC-Ⅳ, 한국 웩슬러 아동 지능검사 6세부터 16세 11개월까지 아이의 인지 능력을 평가한다. 최근 K-WISC-Ⅲ를 개정한 것으로, 열다섯 가지 소검사로 구성되어 있다. K-WISC-Ⅳ에서는 작업기억과 처리 속

도 영역을 추가해서 총 네 가지 지능을 종합해 전체 IQ를 나타낸다. 전 세계적으로 이 검사를 가장 많이 사용한다. 한국도 마찬가지이다.

◐ K-ABC, 한국 카우프만 아동 지능검사 미국의 카우프만(Kaufman) 부부가 제작했다. 만 2세 6개월부터 12세 6개월까지의 유아 및 아동을 대상으로 한다. 비언어성 능력을 측정하는 데 초점이 맞춰져 있다. 청력·언어 장애가 있거나 아직 모국어에 능숙하지 않은 유아도 검사할 수 있다.

◐ RAVEN 지능검사 비언어성 지능검사로, 동서양을 막론하고 교육을 받은 아이나 그렇지 않은 아이나 모두 검사할 수 있다. 환경의 영향을 최소화해서 잠재 능력을 판단할 수 있다는 장점이 있다.

❀ Mom Summary

멘사 인터내셔널(Mensa International)

IQ가 높다고 하면 가장 먼저 떠오르는 단어가 '멘사'이다. 단체 이름인 '멘사(Mensa)'는 라틴어로 '탁자'라는 뜻으로, '위대한 마음'을 가진 이들이 한 달에 한 번 탁자에 둘러앉아 모임을 가진다는 것을 의미한다. 간략하게 멘사 인터내셔널에 대해 소개하겠다.

- 설립 시기 1946년 10월 1일
- 설립 목적 뛰어난 지능을 인류를 위해 사용하자
- 설립자 오스트레일리아 출신 변호사 롤랜드 베릴과 랜슬롯 라이오넬 웨어
- 자격 조건 국제 공인 표준 IQ 테스트 결과 상위 2퍼센트 이내
- 멘사 코리아 1998년 설립, 사무실은 서울 잠원동 소재
- www.mensa.org

14
IQ 검사로는 무엇을 측정하나요?

여기서는 전 세계적으로 가장 일반화된 대면 검사인 웩슬러 검사를 중심으로 설명하겠다(K-WISC-III와 K-WISC-IV 내용 모두 포함). 각각의 항목을 어떻게 실험하며, 그 결과를 통해 무엇을 확인할 수 있는지 알아보자.

◐ **토막 짜기** 일정한 모양으로 배열되어 있는 그림을 보고 작은 토막 여러 개를 이용해서 똑같이 만들어본다. 전체 공간을 일정한 크기로 나누어서 구분할 수 있는 능력, 나누어진 모양의 규칙성이나 형태를 파악하는 능력, 눈으로 보고 판단한 결과를 손으로 빠르게 옮기는 능력 등을 확인한다.

● **공통점 찾기** 두 단어의 공통점을 찾는다. 기본적으로 단어의 의미를 정확히 알고, 둘 사이의 공통된 성질을 구체적으로 파악할 수 있어야 한다. 예를 들어 '남자와 여자의 공통점은 무엇일까요?'라는 문제가 있다고 하자. 가장 일반적이고 정확한 답은 '둘 다 사람이다'라는 것이다.

● **숫자 기억하기** 무작위로 나열한 숫자들을 듣고 기억했다가 잠시 뒤 들은 대로 숫자들을 말한다. 두 가지 방식, 즉 들은 그대로 숫자들을 나열하는 '따라하기'와 거꾸로 숫자들을 재배치하는 '거꾸로 따라하기'로 진행한다. 단기기억력과 주의집중력을 측정하는 테스트이다.

● **같은 그림 찾기** '공통점 찾기' 테스트와 비슷하다. 차이라면 '공통점 찾기'는 언어로 아이의 추론 능력을 측정하고, '같은 그림 찾기'는 그림으로 추리력을 알아보는 것이다. 이미지를 인식하는 시각적 인지 능력과 하나의 범주를 도출해 내는 수준을 확인할 수 있다.

● **기호 쓰기** 기호를 눈으로 보고 머릿속에 기억했다가 잠시 뒤 손으로 쓴다. 단기기억력과 손이 얼마나 빨리 대응하는지 알아보는 테스트이다. 이를 시·지각 협응이라고 한다.

● **어휘력** 단어의 정확한 뜻을 설명한다. 머릿속에 장기적으로 남아 있는 단어의 뜻에 대한 정보량을 측정한다. 어휘력은 학업 성적과 아주 밀접한 관계에 있다. 어휘력이 뛰어나면 전반적으로 사고력이 높고 교과과

정에 대한 이해가 빠르기 때문이다.

◐ **순차 연결** 숫자와 글자를 섞어서 정보를 주었을 때 각각을 선별해서 정리한다. 검사자의 말에 집중해서 반응해야 하므로 청각적 주의력, 단기기억력, 정보 처리 속도를 측정할 수 있다.

◐ **행렬 추리** 주어진 행렬에서 빈칸에 들어갈 알맞은 그림을 고른다. 시각적 정보 처리 능력(눈으로 보고 정보를 알아내어 처리하는 능력)과 추상적 추론 능력(머릿속으로 이미지화해 패턴을 만드는 능력)을 평가할 수 있다.

◐ **이해력** 특정 상황에 대한 검사자의 다양한 질문들에 논리적으로 대답한다. 이해력은 주어진 상황을 정확하게 이해하고 대처 방법을 알며, 그것을 말로 적절하게 설명할 수 있는 능력이다.

◐ **같은 도형 찾기** 다양한 도형들이 나열되어 있다. 그중 같은 모양이 있는지 없는지 확인해서 '예/아니오'를 표시한다. 문제 해결 속도와 정확성을 주로 측정한다.

◐ **빠진 곳 찾기** 다양한 사물의 그림을 보여주고 빠진 부분을 찾는다. 시각적 주의력을 평가하는 테스트이다. 그림 안에서 중요한 것과 중요하지 않은 것을 분별할 줄 알아야 한다. 평소 아이의 관찰력을 알아볼 수 있다.

⊙**선택** 나란히 인쇄된 그림과 무작위로 뒤섞은 그림을 보고 정해진 시간 안에 예시로 주어진 그림을 최대한 많이 찾아 표시해야 한다. 시각적 인지 능력, 시각정보 처리 속도, 선택 시 부주의한 정도 등을 평가할 수 있다.

⊙**상식** 특정 언어와 관련된 영역뿐 아니라 과학, 역사, 지리 등 다양한 분야에 걸쳐 얼마나 많은 지식을 갖고 있는지 측정한다. 상식은 후천적인 노력으로 학습한 지식의 양을 말한다. 아이가 학습한 지식뿐 아니라 교육에 얼마나 적극적으로 참여했는지, 학교 밖에서 얼마나 다양한 문화를 체험했는지 등을 알아볼 수 있다.

⊙**산수** 문제를 이해하고 그 안에서 식을 세워 푼다. 기본적으로 덧셈, 뺄셈, 곱셈, 나눗셈을 제대로 이해하는지 알아본다. 또한 검사자가 불러주는 문제를 듣고 풀어야 하기 때문에 얼마나 잘 집중하는지도 평가할 수 있다.

⊙**단어 추리** 검사자가 제시하는 단서가 설명하는 공통 개념을 알아내는 테스트이다. 스무고개와 같은 방식이다.

🍀 Mom Summary

IQ와 기억력

- 기억력은 어떤 자극을 느끼고 이를 뇌에 새겨 넣는 능력과, 나아가 그 자극이 사라져도 뇌에 새겨 넣은 정보를 마음대로 다시 끄집어내는 능력까지 모두 포함한다.

- 몇 초 동안만 짧게 지속되는 기억은 순간기억, 순간기억 중에 강렬한 인상을 받았거나 개인적인 감정과 결부되어 며칠 동안 지속되는 기억은 단기기억(작업기억)이라고 한다.

- 아이는 일상생활에서 주로 단기기억을 사용한다. 시험 직전까지 시험 내용을 암기하는 것은 단기기억을 활용하는 가장 대표적인 사례이다. 학교에서 선생님의 설명을 들을 때는 수업 내용을 이해했다가도 집에서 혼자 복습할 때 잘 기억나지 않는 것은 단기기억에 저장된 채 장기기억으로 옮겨 가지 못했기 때문이다. 일시적으로 단기기억에는 저장됐지만 장기기억으로는 넘어가지 못해서 다시 떠올리면 잘 기억나지 않는 것이다.

- '반복'은 자기 기억을 며칠에서 몇 달, 몇 년, 혹은 더 오래 지속되도록 해주는 방법이다. 복습과 반복적인 암기는 다소 지루하지만 단기기억을 장기기억으로 전환하여 기억력으로 발휘하는 데는 아주 효율적이다.

- 빨리 외우는 아이는 단기기억이 뛰어나고 많이 외우는 아이는 성실하다.

15
IQ 검사 결과는 어떻게 해석하나요?

웩슬러 검사 결과의 평균을 100으로 보는데 결과가 110이면 자기보다 한 살 위, 120이면 두 살 위, 130이면 세 살 위 수준이라고 이해하면 간편하다. 먼저 전체 지능지수의 수치를 보고 아이의 전반적인 수준을 확인하면 된다.

웩슬러 검사를 기준으로 지능지수에 따라 다음(82쪽 표 참고)과 같이 분류할 수 있다. 그러고 나서 언어 이해 지표와 지각 추론 지표의 차이가 얼마나 되는지 파악한다. 일반적으로 두 지표의 차이가 15점 이내이면 정상이고, 15~20점은 주의 깊게 관찰할 필요가 있으며, 20점 이상이면 심각한 수준으로 본다.

언어 관련 지능과 비언어 관련 지능이 크게 차이 난다는 것은 좌뇌와

지능지수	백분율(%)	분류
130 이상	상위 2.2	최우수(very superior)
120~129	상위 8.9	우수(superior)
110~119	상위 25	평균 상(high average)
90~109	상위 75	평균(average)
80~89	상위 91.1	평균 하(low average)
70~79	상위 97.8	경계선(borderline)
69 이하	상위 100	정신지체(mentally retarded)

우뇌의 불균형이 심각하다는 뜻이기도 하다. 이러한 경우에는 다양한 문제점이 발생할 수 있다. 우뇌에 비해 좌뇌가 지나치게 발달한 아이는 규율을 지키려는 성향이 너무 강해 강박증이 생기거나 분위기를 파악하지 못해 또래 친구들과 잘 어울리지 못하곤 한다.

반면 우뇌가 상대적으로 월등한 아이는 ADHD(주의력 결핍 과잉행동장애)나 틱(tic) 장애를 보이기도 한다. 아이가 유난히 주의를 집중하지 못한다면 좌뇌와 우뇌가 불균형하게 발달한 것이 아닌지 의심해야 한다.

좌뇌와 우뇌의 불균형 때문에 힘들어하는 초등 5학년 여자아이를 상담한 적이 있었다. 아이는 IQ 검사 결과 언어성 130, 동작성 105로 두 지표의 차이가 25점이었다. 머리가 좋은 편인데도 아이의 당시 성적은 반에서 10등 정도였고 선행학습 없이 5학년 과정을 공부했다. 상담 도중 아이의 아버지는 머리가 우수하며 서울대 출신이라는 사실을 알게 됐다.

나는 무엇보다 아이의 두뇌 불균형을 해소하는 일이 급선무라고 판단했다. 이를 위해 독일에서 개발된 루크 프로그램을 활용해 언어성 지능보다 취약한 동작성 지능을 개선하고, 미국에서 개발된 인사이트 프로그램으로 집중력을 향상시키는 아이 맞춤형 해결책을 시도했다.

그 결과 아이는 좌뇌가 많이 개선되어 6학년을 마치기 전에 고등학교 1학년 수학을 전부 공부했다. 학교 성적도 전교 1~2등 수준으로 올라갔다. 동작성과 언어성 지능의 차이도 15점으로 줄어들었다. 과격한 성격 탓에 과잉 행동이 잦았던 전날에 비해 지금은 한결 부드럽고 편안해졌다.

내가 무엇보다 보람을 느꼈던 점은 아이가 스스로 성취감을 느끼고 나자 생활에서도 공부에서도 활력을 되찾았다는 사실이다. 아이는 "선생님, 이제 공부가 가장 재미있어요"라고 말하며 환하게 웃었다. 지금은 로스쿨에 진학해서 검사가 되는 것을 목표로 열심히 공부한다.

이 아이에게서 보듯 언어성과 동작성의 차이를 조정해 줌으로써 성격이 변하고 학습 동기가 향상되는 사례는 무수히 많다.

언어성과 동작성이 균형 잡힌 아이

언어 이해 능력과 지각 추론 능력이 균형적으로 발달했다 하더라도 안심하기에는 이르다. 고르게 좋은 경우라면 다행이지만 고르게 저조한 경우가 있기 때문이다.

전자는 지능이 균형 있게 발달해 학교 성적이 뛰어나고 성격도 좋다. 전 과목 성적이 고르게 우수하며 친구 관계도 원만하다. 집에서는 부모님 말씀을 잘 듣고 학교에서는 모범생인, 소위 엄친아라 하겠다. 모든 영역에서 고르게 우수하기 때문에 학습에 별 어려움을 느끼지 않는다. 성인이 돼서도 자기 일에서 실력을 발휘하며 성공할 확률이 높다.

반면 후자는 교과 전 영역에서 성적이 낮게 나타날 우려가 크다. 성취감도 낮아 공부에 흥미를 잃기 쉽다. 악순환의 연속이다. 개선의 여지가 가장 빠를 것 같은 지점을 찾아 하루라도 빨리 대책을 세워야 한다. 아이가 스스로 성취감을 확인하면 변화의 가능성은 충분히 열린다.

동작성보다 언어성이 발달한 아이

언어 이해 능력이 뛰어나고 상대적으로 지각 추론 능력이 저조한 경우로, 도시 아이들 대부분이 여기에 해당한다. 지나친 독서와 조기교육, 손 운동을 포함한 야외 활동 결여로 좌뇌와 우뇌가 불균형하게 발달했기 때문이다.

이런 경우 학년이 올라갈수록 공부가 어렵다고 호소하는 아이가 많다. 학습의 난이도가 높아질수록 추론력과 공간지각력이 중요해지기 때문이다.

따라서 좌뇌를 꾸준히 자극하는 한편 우뇌를 효과적으로 계발해야 한다. 내가 추천하는 방법은 다양한 체험 기회를 제공하는 것이다. 현장에 나가 각종 문제적인 상황에 직면하다 보면 저절로 해결 방안을 고민하게 되고 몸을 움직여야 한다. 평소 얌전하던 우뇌가 활발하게 활동하면서 색다른 흥분과 재미를 느낄 것이다.

언어성보다 동작성이 발달한 아이

학교와 학원만 전전하는 도시 아이들에게는 매우 드문 경우로, 언어 이해 능력에 비해 지각 추론 능력이 뛰어나다.

가끔 "초등학생 때는 공부보다 노는 게 더 중요하다고 생각해요. 아이에게 벌써부터 학업 스트레스를 주고 싶지 않아요. 공부야 나중에 제가 하고 싶으면 다 하게 되어 있잖아요"라는 자녀교육 철학을 가진 엄마를 본다. 이런 가치관이 자칫 방임형으로 기울게 되면 좌뇌의 발달이 더뎌질 가능성이 높다.

선천적으로는 우수한 지능을 물려받았으나 후천적으로 충분히 계발되지 않은 아이들에게서 많이 발견되는 현상이다. 또한 조기 유학 등으로 한국어를 접할 기회를 장시간 갖지 못했을 때도 이 같은 결과가 나타난다.

지각 추론 능력이 발달한 아이에게는 학교생활을 충실히 하면서 언어 능력을 자극받을 수 있는 기회를 제공해야 한다. 아이의 현재 상태를 정확하게 진단한 뒤 맞춤형 처방에 따라 계획성 있게 꾸준히 학습하면 얼마 지나지 않아 긍정적인 효과를 볼 수 있다. 언어성은 동작성에 비해 쉽게 발전하기 때문이다.

언어성이 취약한 아이는 국어를 체계적으로 공부하는 것으로도 효율적으로 발전할 수 있다. 따라서 언어성보다 동작성이 뛰어난 아이는 잠재력이 클 확률이 높다.

🌸 Mom Summary

IQ 검사 결과 확인 시 주의 사항

- 전체 지능지수를 확인한 뒤 언어성과 동작성의 차이를 파악한다. 일반적으로 두 지표의 차이가 20 이상이면 심각한 상태이고, 15 이상이면 주의 깊게 관찰할 필요가 있다.

- 언어성과 동작성 지수가 동일하더라도 세부 항목을 살펴보면 강한 영역과 약한 영역의 편차가 있을 수 있다. 반드시 전문가의 도움을 받아 해석해야 한다.

- IQ 검사의 목적은 두뇌의 현재 상태를 판단하고 계발하거나 보완하기 위해서이다. 검사받을 당시의 건강 상태나 환경도 검사 결과에 영향을 미칠 수 있다. 따라서 검사 결과를 절대적으로 신봉하는 것은 옳지 않다.

- IQ가 아이의 능력을 모두 나타내는 수치는 아니다. IQ 지수 외에 다중지능, 즉 운동지능·음악지능·자기성찰지능·대인지능 등 다른 영역이 높을 수 있다.

- 검사 도구에 따라서도 결과가 달라질 수 있다. IQ 수치에 연연하기보다 아이가 전체에서 어디쯤 속하는지 확인하기를 권한다. 중요한 것은 IQ가 130, 150인 것이 아니라 상위 몇 퍼센트에 해당하는가이다.

IQ 검사는 언제 하는 것이 좋을까요?

사실 지능검사를 처음 시작하는 시기는 어릴수록 좋다. 신체 발달 과정은 눈으로 확인이 가능하지만, 두뇌 발달은 아무리 관심을 갖고 관찰한다 해도 판단하기가 쉽지 않기 때문이다. 내 아이의 타고난 IQ를 제대로 이해하고 장단점을 조기에, 그리고 정확하게 파악해야 자녀교육의 방향을 올바르게 설정할 수 있다.

가장 대표적인 검사 도구는 웩슬러 검사의 아동 버전인 K-WIPPSI(한국 웩슬러 유아 지능검사)이다. 4~6세 반 아동을 대상으로 실시하며, 12개 검사 영역 중 10개가 IQ를 알아보는 항목이다. 2세 6개월~12세 6개월 아이를 대상으로 하는 K-ABC(카우프만 아동용 지능검사)도 있다. 검사 항목은 모두 16개이지만 아이의 인지 발달단계, 즉 나이에 따라 6~13개

정도를 선정해서 검사한다.

아이는 신체 발달이 빠르게 진행되는 것과 마찬가지로 두뇌도 하루가 다르게 성장한다. 그러므로 가능한 한 빠른 시기에, 늦어도 초등학교 입학 전에는 반드시 IQ 검사를 받기를 권한다. 특히 아이의 성장을 알아보기 위해 신체검사를 받는 것과 마찬가지로 지능검사도 1년에 한 번씩 실시하는 것이 좋다. 보통 검사 후 6개월 이내에는 재검사를 받지 않는 것이 원칙이다.

아이의 IQ를 검사하는 목적은 선천적으로 타고난 IQ가 어느 정도인지 알아보는 것도 중요하지만, 무엇보다 잠재 능력을 평가해 발전 가능성을 미리 알아보기 위해서이다. 아이의 강점과 약점을 체계적으로 확인할 수 있으므로 아이에게 맞는 교구재를 사용해 효과적으로 교육할 수 있다.

초등 고학년이나 중학생이 되면 그때부터는 아이의 진로를 정하는 데 활용할 목적으로 지능검사를 실시한다. 초등학교 시기의 지능검사가 중요한 이유는 아이의 능력을 정확하게 알 수 있기 때문이다. 중·고등학교에 들어가면 성적표에 등수가 표기되기 때문에 굳이 지능검사를 하지 않아도 아이의 강점과 약점을 파악할 수 있다. 물론 학교에 따라 시험문제의 난이도가 다르므로 성적만으로 아이의 IQ를 판단해서는 안 된다.

그런데도 백일하에 드러난 성적표 수치를 외면하기란 결코 쉽지 않다. 아이의 성적이 떨어지기라도 하면 엄마는 그날로 학원 설명회에서 듣거나 학부모들 사이에 떠도는 근거 없는 정보를 모아 아이의 학습 계획을 세우기 시작한다. 위험천만한 일을 아닐 수 없다! 장님이 문고리를 잡듯 주먹구구로 세우는 계획이 아이의 두뇌 발달에 적절한 도움을 줄 리 없다.

학령기의 1년은 성인의 그것과 비교할 수 없을 만큼 중요하다. 사실상 한번 잘못 보내면 돌이키기 힘든 시기이다. 그러므로 정확한 IQ 지수의 필요성을 느꼈다면 지체 없이 지능검사를 받고, 전문가의 도움으로 아이에게 딱 맞는 학습 계획을 짜야 한다.

학습 계획을 잘 세우는 것만으로도 아이는 심리적인 부담을 덜고서 꼭 필요한 공부에 집중하게 되고, 나아가 불필요한 사교육을 줄이고 시간 낭비를 막는 등 여러 이점들을 얻을 수 있다.

✿ Mom Summary

효과적인 IQ 검사 시기

- 어릴수록 좋다. 검사 시기가 빠를수록 학습된 IQ보다 타고난 IQ를 알 확률이 높다.
- 공부한 양에 비해 성적이 저조하다면 지능검사를 받아보자. 검사 결과를 토대로 아이의 능력을 정확하게 판단하고, 성적을 올리는 구체적인 방법을 찾을 수 있다.
- 다른 아이와 비교했을 때 발전 속도가 빠르거나 늦다는 생각이 들면 빠른 시일 내에 지능검사를 받아서 적합한 해결책을 찾아야 한다.

17 IQ 검사를 꼭 해야 하나요?

학령기의 아이에게 지능검사를 권하는 것은 효율적인 학습 효과를 기대하기 위해서이다. IQ뿐 아니라 세부 지능의 현재 수준을 파악하면 학습량, 공부의 난이도, 수학 선행학습 정도 등을 발전적인 방향으로 결정하는 데 매우 용이하다.

반에서 1등만 하는 옆집 아이가 부럽다고 해서 내 아이에게 무조건 그 아이의 학습 계획표를 강요했다가는 아이 입에서 "세상에서 제일 싫은 게 공부야!"라는 말이 나올지도 모른다. 내 아이에게 가장 훌륭한 학습 계획은 맞춤옷을 입은 것처럼 아이가 자연스럽고 편안하게 받아들일 수 있어야 한다.

지능이 높다는 것은 공부 머리의 용량이 크다는 말이다. 어릴수록 지능과 학습의 상관관계가 높기 때문에 초등학생 때는 반드시 정확한 지능검사 결과를 파악해야 한다. 그런 다음 아이의 수준에 맞춰 학습량과 난이도를 정하고 선행학습 여부도 판단해야 한다. 물론 더 자라서 스스로 통제 가능한 정도가 되면 지능 외에도 성격, 습관, 동기를 감안해 효율적으로 계획을 세워 학습할 수 있다.

결론부터 말하면, 지능이 높은 아이는 학습량을 늘리고 난이도를 높이고 선행학습을 하는 것이 바람직하다. 반면 지능이 낮은 아이는 학습량을 줄이고 난이도를 평범하게 조절해 성취 경험을 쌓아야 한다. 당연히 선행학습도 효과 없다.

초등 4학년 여자아이를 상담한 적이 있다. 지능검사 결과, 아이는 또래에 비해 공부 머리가 대단히 우수했는데도 그에 상응하는 수준의 공부를 하고 있지 않았다. 학교 성적도 우수한 편은 아니었다.

나는 아이가 훨씬 난이도가 높은 공부도 수용할 수 있을 것 같다고 판단했다. 그래서 우리 연구소에 다니는 대원외고 재학생들과 함께 경제학 공부를 해보라고 권했다. 내가 짐작한 대로 아이는 어려운 공부를 무리 없이 수행해 경제경시대회 수준의 진도를 1년 반 만에 마쳤다.

그사이 아이는 이전에 한 번도 경험하지 못했던 지적 호기심이 충족되는 것을 느꼈다. 자연스럽게 학습에 대한 의욕도 불붙었다. 그 결과 초등학교를 졸업할 즈음 연세대 수학 영재 케이스에 합격했으며, 현재 과학영재고등학교를 다니며 의대 진학을 목표로 열심히 공부한다. 만약 아이가 자기 능력을 알지 못해 계속 일반 교과과정에 따라 학업에만 매달렸다면 자신의 재능도 꿈도 영영 찾지 못했을지 모른다.

지능검사를 하면 강점과 약점을 파악하여 자신에게 딱 맞는 공부 방법을 찾을 수 있다. 또한 강점은 강화하고 약점은 보완해서 잠재 능력을 계발할 수도 있다.

학교 성적이 저조한 원인은 크게 두 가지가 있다. 지능은 높지만 환경, 습관, 동기 등이 받쳐주지 않는 경우와 지능이 낮아서 두뇌 계발에 한계가 있는 경우가 그것이다.

전자는 약점을 파악해 보완하면 어느 정도 성적이 오른다. 공부의 양을 늘리거나 과목별 문제 유형을 익히면 도움이 된다. 하지만 후자는 교과과정과 관련해 일정 수준 이상의 심화학습을 진행하기에는 무리가 있다. 그러므로 시험범위를 반복학습하는 것이 효과적이다. 다른 아이들보다 시험 준비 기간을 1주에서 2주 정도 길게 잡고, 틀린 문제는 적어도 세 번은 푼다고 생각하고 공부하자.

Mom Summary

유대인의 두뇌 사용법

- **상상하기** 안정되고 고정된 발상보다 자유롭고 새로운 발상이 일상화되면 두뇌가 녹슬 일이 없다.
- **긴장하기** 공부할 때 편안한 상태에 익숙해지면 두뇌를 쓰지 않게 된다. 약간의 긴장이 두뇌 계발에 훨씬 효과적이다.
- **몸 흔들기** 몸을 흔들면 두뇌에 산소가 공급되고, 몸의 움직임이 두뇌를 자극해 깨어 있게 한다.

18 성적과 지능은 얼마나 관계있나요?

본래 지능검사는 학령기 아동을 대상으로 만들어졌다. 따라서 IQ와 성적의 상관관계는 결코 간과할 수 없다.

아이가 공부하는 모습을 지켜보면 IQ에 따라 몰입도에 차이가 있음을 확인할 수 있다. IQ가 높은 아이는 초기에 몰입하는 속도가 빨라 과목이 바뀌거나 휴식 시간이 끝나고 수업이 시작되면 금세 집중하는 모습을 보인다. 반면 IQ가 낮은 아이는 집중 상태에 도달하기까지 시간이 걸린다.

물론 이것이 성적과 바로 연계되어 나타나지는 않는다. 우수한 성적은 IQ뿐 아니라 인내심, 시간 관리, 동기 등 다양한 요소의 영향을 받기 때문이다. 하지만 IQ 이외에 다른 요소들이 비슷하다면 IQ가 좋은 아이를 IQ가 좋지 않은 아이가 넘어서기란 쉽지 않다.

다만 여기서 꼭 덧붙이고 싶은 말은 학교 공부를 충실히 하는 것이 IQ를 높이는 가장 편하고 효과적인 방법이라는 사실이다. 많은 사람들이 IQ와 교과과정이 과연 얼마나 연관성이 있는지 의문을 제기한다.

실제로 교과과정의 구성은 IQ와 매우 밀접하게 연관되어 있다. 초등 교과과정에는 여러 소검사 항목에서 요구하는 능력을 계발할 수 있는 내용들이 잘 녹아들어 있다. 다시 말해, 학교는 다채로운 자극을 준다. 다양한 과목을 학습함으로써 언어성 지능을 기를 수 있고, 놀이나 단체 생활을 통해 동작성 지능을 계발할 수 있다. 그뿐만 아니라 시험을 통해 학습의 성취 정도를 확인하며, 숙제하는 과정에서 책임감과 문제 해결력을 키울 수 있다.

과목별로 IQ와 어떻게 관련되어 있는지 좀더 자세히 살펴보자.

어휘력과 이해력을 키워
모든 지능의 토대가 되어주는 국어

국어 과목의 세부 영역 중에서 IQ와 가장 연관성이 깊은 것은 단연 어휘이다. 초등 전 학년의 『읽기』, 『쓰기』, 『듣기·말하기』 교과서에 나오는 어휘들은 아이의 어휘력 향상에 큰 도움을 준다. 새로운 단어가 나올 때마다 정확한 뜻을 알려주고, 그 단어를 사용하여 문장을 만드는 훈련을 반복하면 아이의 어휘력이 하루가 다르게 쑥쑥 자랄 것이다. 실제로 초등 2학년 1학기 『쓰기』 교과서의 형식도 이렇게 구성되어 있다.

> 우리말에는 비를 나타내는 여러 가지 말이 있습니다. 비가 내리는 소리나 모양을 생각하며 재미있는 말을 만들어봅시다.
> - 짧은 시간 동안에 갑자기 세차게 내리는 비를 '소나기'라고 합니다.
> - 조금씩 촉촉이 내리는 비를 '가랑비'라고 합니다.
> - 이슬처럼 아주 가늘게 내리는 비를 '이슬비'라고 합니다.
>
> 초등 2학년 1학기 『쓰기』 중 '재미있는 우리말' 64쪽

특히 『듣기·말하기』에는 상대방과 상호작용하며 이해력을 기를 수 있는 단원들이 많다. 듣기를 통해 주의집중력을 기를 수 있고 전체 맥락 속에서 어휘가 어떤 의미를 지니는지, 자기주장을 논리적으로 전달하려면 어떻게 표현해야 하는지 등을 이해하게 된다.

그 밖에도 아이가 기본적으로 알아야 할 상식이 포함되어 있을 뿐 아니라 공통성 찾기, 단어 추리 같은 연습을 해볼 수 있다.

국어 실력은 다른 과목의 성적에도 영향을 미친다. 어차피 우리는 모국어인 한글로 배우는 만큼 어휘력이 향상되면 다른 과목도 공부하기 쉬워진다. 이해력, 사고력, 문제 해결력에 도움이 되기 때문이다. 국어의 중요성을 간과할 수 없는 대목이다.

언어성 지능을 키우고
기억력을 훈련시키는 영어

영어 과목과 연계되는 부분은 국어와 대체로 일치한다. 읽기, 쓰기,

듣기, 말하기 과정은 언어를 공부하는 필수 요소이다.

다만 영어는 외국어이기 때문에 번역이라는 사고 과정을 한 번 더 거쳐야 한다는 차이가 있다. 외국어로 입력된 정보를 잠시 기억회로에 저장했다가 번역과 정보 처리를 마친 뒤 출력되는 것이다.

기억의 메커니즘은 외국어 공부에도 적용된다. 단기기억이 장기기억으로 전환되려면 반복 훈련이 따라야 하듯 영어를 잘하는 지름길은 반복학습이다. 그러기 위해서는 영어와 심리적인 거리를 좁혀야 한다. 일상생활에서 자주 듣고, 짧은 표현이라도 입에 자연스러워지도록 습관적으로 말하는 버릇을 들이면 영어에 흥미를 높일 수 있다. 관심을 가지면 욕심이 생기는 법이다.

무엇보다 영어도 국어 실력이 전제되면 훨씬 쉽고 빠르게 익힐 수 있다. 예를 들어 영문을 우리말로 얼마나 적절하게 옮길 수 있는지는 결국 국어 실력에 따라 좌우되기 때문이다. 국어 공부는 소홀히 하면서 영어에만 지나치게 매달리는 것은 절반의 투자일 뿐이다.

종합적 사고력을 위해
다양한 지능을 요구하는 수학

"너는 수학이 약하니까 문과를 선택하자." 흔히 전공을 결정할 때 수학 성적을 기준으로 잡는데 잘못 알고 있는 것이다. 문과 공부에도 수학 실력은 매우 중요하게 작용한다. 논리적·체계적으로 사고하고 문제 해결력을 높이는 데 영향을 미치기 때문이다.

그래서 대학에서 학생을 선발할 때도 문과든 이과든 수학 성적에 가장 큰 비중을 둔다. 수학 과목을 잘하기 위해 요구되는 능력은 무척 다양하기 때문이다.

수학은 IQ 검사의 소검사 항목 중 가장 많은 영역과 연관성을 가진다. 초등학교 수학 교과과정 중 '쌓기나무'는 '토막 짜기' 항목과 관련 있다. '쌓기나무'는 다양한 각도에서 관찰하고 눈으로 공간을 분할하는 능력을 길러준다.

또한 기본적인 사칙연산은 수학 과목에서 매 학년 매 학기마다 다루는 내용으로, 연산을 잘하는 아이는 산수 소검사 항목을 수월하게 해낸다. '기호 쓰기'는 초등 저학년 때 주로 다루는데 눈과 손의 신속하고 정확한 협응을 돕는다.

초등 각 학년의 수학 교과서에서 마지막 단원으로 배치되어 있는 '규칙 찾기'는 논리적인 추론력을 기르는 데 큰 도움이 된다. 실제로 초등 4학년 수학 교과서에는 아래와 같은 형태로 수록되어 있다.

> 옛날 그리스 사람들은 도형 모양으로 돌멩이를 놓고 그 규칙을 수로 나타냈습니다.
> - 위의 모양을 수로 나타낸다면 어떻게 될지 생각해 보시오.
> - 다섯 번째에는 어떤 수가 올지 말해 보시오.
> - 왜 그렇게 생각합니까?
> - 생각을 확인할 수 있는 방법을 서로 이야기해 보시오.
>
> ※ 쌓기나무를 놓아보고 규칙을 찾아 수로 나타내봅시다.

※바둑돌을 놓아보고 규칙을 찾아 수로 나타내봅시다.

초등 4학년 수학 중 '규칙을 찾아 수로 나타낼 수 있어요' 120쪽

숫자와 익숙해지면 소검사 점수가 높을 가능성이 크다. 아이가 숫자와 친숙하지 못하면 기억해 내는 데 어려움을 느낄 수 있기 때문이다. 이것은 초등 1학년 때 처음 숫자를 접하고 점점 큰 자리의 수를 배워나가는 과정에서 억지로 배웠는지, 아이가 놀이를 하며 즐겁게 익혔는지에 따라 차이가 생길 수 있다.

첫 경험의 인상은 이후에도 영향을 미친다. 아이가 나중에 숫자에 대해 막연한 거부감을 갖지 않도록 처음 숫자를 접할 때 최대한 재미있게 배울 수 있도록 주의를 기울이자.

구체적 상식을 늘리고
창의사고력을 계발하는 과학

과학 과목에서 소검사 항목과 가장 큰 연관성이 있는 영역은 상식이다. 주변에서 일어나는 현상의 원리를 잘 이해하는지 테스트한다. 과학을 통해 배우는 실험 결과들이 현상을 이해하는 기본 지식으로 작용하는 것이다. 실제로 초등 6학년 과학 교과서에 나오는 예를 살펴보자.

선풍기 바람을 쐰 친구의 옷이 왜 내 옷보다 빨리 말랐을까?

초등 6학년 과학 중 '문제 인식과 가설 설정' 17쪽

과학이 학문으로 존재하는 것이 아니라 우리 생활 곳곳에 적용된다는 사실을 일깨우면 공부가 훨씬 흥미로워진다. 또한 과학 시간에 배운 어휘를 일상생활에서 자주 쓰면 상식과 함께 어휘력이 풍부해진다.

놀이하듯 실험하거나 관찰하는 과정을 훈련하면 지적 호기심을 자극할 수 있다. 예를 들어 육안으로는 보이지 않는 미세한 것을 돋보기나 현미경으로 들여다보면 전혀 새로운 세상을 발견하게 된다. 눈앞에 펼쳐지는 신기한 현상을 확인하는 과정에서 상상력이 자극되고 창의적 사고력을 계발할 수 있는 기회를 얻는다.

추상적 상식을 늘리고
세상에 대한 이해력을 높이는 사회

소검사 항목 중 사회 과목과 가장 연관성이 깊은 영역은 '이해'와 '상식'이다. 그중에서도 이해 영역은 실제 상황에서 아이의 판단력과 대처 능력을 평가하므로 사회현상을 바라보는 시각과 이해력을 길러준다.

그 밖에 어휘력 영역에서는 권리, 법, 경제 등의 관념을 이해하고 설명하는 능력을 측정하는데, 그같이 추상적인 개념을 이해하는 데는 사회 과목이 많은 도움이 된다. 또한 뉴스에서 쉽게 들을 수 있는 어휘들을 사회 과목에서 접하다 보면 자연스럽게 사회현상에 대해 흥미를 갖게 된다.

초등 6학년 2학기 사회과 탐구 교과서에 실린 내용을 보면 추상적인 어휘인 법률이 우리 생활과 얼마나 밀접한 개념어인지 이해하기 쉽게 설명해 준다.

> **국회가 하는 일**
>
> 다음은 한 어린이가 제안한 것이 실제 법률로 만들어진 사례이다.
>
> **오래전에 존재했던 법과 오늘날의 법**
>
> 고조선의 8조법
>
> 바빌로니아의 함무라비 법전
>
> 오늘날의 법
>
> **우리 생활과 법의 필요성**
>
> 다음은 어린이와 관련된 법이다. 이러한 법이 만들어진 까닭을 생각해 보자.
>
> 초등 6학년 2학기 사회과 탐구 중 '민주주의를 실현하는 기관' 16쪽

　또한 사회 교과서에서 배우는 지리 단원은 공간지각력을, 기후 단원은 논리적·과학적 지능을 계발하는 데 도움이 된다.

　내가 권하는 사회 공부의 지름길은 뉴스 보기이다. 생활 곳곳에서 일어나는 모든 사회현상이 사회 수업의 재료로 탁월하기 때문이다. 엄마, 아빠가 아이와 함께 뉴스를 시청하며 아이가 이해할 수 있는 범위 내에서 보충 설명을 들려주고, 나아가 여러 현상에 대한 아이의 소감을 듣고 서로의 의견을 나누는 과정은 어디서도 배울 수 없는 완벽한 사회 공부이다.

🌸 Mom Summary

학교는 아이를 똑똑하게 만들까?

- 학교는 새로운 것을 가르쳐주고, 숙제를 내서 수업 시간에 배운 내용을 익히도록 유도하고, 정기적으로 테스트해서 아이의 두뇌 활동을 자극한다. 학교 교육과정만 충실히 따라도 아이는 똑똑해질 수 있다.

- 성적은 실력을 평가하기 위한 목적도 있지만 더욱 중요한 것은 앞으로 더 잘해야겠다는 성취동기를 불러일으키는 것이다. 아이가 자신의 잠재 능력을 끌어올릴 수 있도록 유도하기 위해서라는 점을 잘 이해하고, 아이에게 건설적인 방향으로 활용하면 좋다.

- 선생님은 고도로 훈련된 최고의 전문가이다. 아이의 지능 계발 면에서는 부모보다 훨씬 직접적인 지원이 가능하다. 그러므로 부모는 아이가 선생님에 대한 존경심을 가질 수 있도록 가르쳐야 한다.

- 학교에서는 국어, 영어, 수학 외에도 음악, 미술, 체육을 포함하여 다양한 학습이 이루어진다. 이런 과정을 통해 두뇌의 균형적인 발전을 돕는다. 즉 다중지성을 계발할 수 있다. 그런 점에서 홈스쿨링은 부모가 계획한 부분에서는 높은 성취가 가능하겠지만 조화와 균형을 꾀하기 어렵다는 한계가 있다.

- 학교에서는 대부분의 학습이 언어로 전달되므로 특히 언어성 지능의 발전에 효과적이다.

19 어떻게 하면 학습 능력을 높일 수 있을까요?

앞에서 살펴봤듯이 인류의 IQ는 꾸준히 발달해 왔고 지금도 상승하고 있다. 특히 IQ가 환경의 영향을 크게 받는다는 점을 감안하면 부모의 노력 여하에 따라 충분히 변화할 가능성이 높다는 사실을 금방 이해할 것이다.

아이의 학습 능력에 IQ가 전부는 아니라고 해도, 사실 지능과 공부는 닭과 달걀의 관계와 비슷해서 어느 것이 먼저라고 단언하기 어렵다. 게다가 유아기 아이의 IQ는 선천적인 지능에 가깝지만, 본격적으로 교육 받기 시작하는 초등학교 전후 아이의 IQ는 교육의 후천적인 결과가 더해진 지능이다. 따라서 학습 능력을 향상시키는 방법은 곧 IQ를 올리는 방법이며 그 반대도 마찬가지이다.

과연 어떻게 하면 내 아이를 똘똘이 스머프처럼 똑똑하게 키울 수 있을까? 학습, 놀이, 일상생활 각각의 영역에서 실천하기 손쉬운, 학습 능력도 높이고 IQ도 올리는 방법을 낱낱이 살펴보자.

국어 교과서로 어휘를 가르쳐라

여기서 말하는 어휘는 국어 어휘를 뜻한다. 방법은 의외로 간단하다. 국어 교과서를 활용하는 것이다. 아이의 학년보다 조금씩 선행하면서 새로운 어휘를 익히고, 반복 훈련을 통해 완벽하게 소화하여 내 것으로 만들면 어휘력은 체계적으로 발전하게 마련이다.

우리 연구소도 초등학생들의 어휘력 향상을 위해 국어 교과서로 선행학습을 한다. 6개월에서 1년 정도 진도를 나가면서 어휘와 시를 꼼꼼히 외우게 한다. 이런 방식으로 공부하면 4학년 때 국어 공부를 시작한 학생의 경우 6학년 때 중학교 3학년 국어까지 마칠 수 있다.

왜 굳이 국어 교과서로 공부하는지 궁금해하는 학부모들이 많다. 여기서 분명히 밝히자면, 나는 국어 교과서 예찬론자이다. 학부모들과 상담할 때마다 나는 입에 침이 마르도록 국어 교과서의 장점을 설명하며 최고의 교재로 강력히 추천한다.

국어 교과서는 문학과 비문학은 물론 고문까지 모든 종류의 글을 수록해 독서가 어느 한쪽으로 편중되는 것을 방지한다. 또 학년이 올라갈수록 공부할 양이 많아지고 난이도가 높아지는 구성은 체계적으로 두뇌를 자극하는 데 효과적이다.

　아이가 독서를 많이 하는 것은 환영할 만한 일이다. 하지만 대체로 자신이 좋아하는 장르에 치우치는 경향이 있고 국어 교과서처럼 체계적으로 읽어나가기 어렵다. 따라서 독서 활동과 국어 교과서 선행학습을 병행하는 것이 가장 이상적이다.

　집에서 실천할 수 있는 방법은 학교에서 받은 초등 교과서와 별개로 한 부씩 더 사서 엄마와 함께 공부하거나 전과를 부교재 삼아 스스로 공부하는 것이다. 중학교 과정은 학교마다 다른 교과서를 선택하므로 진학이 예상되는 학교의 국어 교과서로 공부하거나,『통합 국어』라고 해서 합본으로 나오는 참고서를 이용하면 된다.

　이렇게 체계적으로 공부하면 어휘력뿐 아니라 이해력, 독해력, 추론력 등 다양한 영역의 지능이 향상된다. 더불어 선행학습을 통한 내신 준비도 함께 이루어지니 그야말로 일석이조라 하겠다. 장기적으로는 수능 언어 영역을 미리 준비한다는 이점도 따른다. 물론 논술 공부에도 도움이 된다.

　하지만 핵심은 국어 교과서로 선행학습을 하는 것이 필수라는 사실이다. 독서나 논술은 이후 자연스럽게 따라오는 효과라고 생각하면 좋겠다. 잎과 가지가 풍성한 나무로 성장하려면 뿌리와 몸통 줄기가 튼실해야 한다는 사실을 잊지 말자.

정확성과 속도를 모두 잡는
연산 훈련을 하라

연산을 빠르고 정확하게 하는 연습은 어릴 때부터 시작하는 것이 좋다. 연산 훈련은 단순 반복 작업이기 때문에 아이들이 지루해하는 경향이 있다. 하지만 이러한 기초 작업은 아이가 머리를 쓸 때 많은 에너지를 사용하지 않고서도 문제를 해결할 수 있는 밑바탕을 이루므로 꾸준히 훈련하는 것이 중요하다.

연산 훈련을 시작하는 시기는 어릴수록 좋다. 시중에 나와 있는 학습지로 매일 일정한 분량을 정해서 익혀도 된다. 초등 저학년의 경우 날마다 20분이 넘지 않도록 시간을 정해 문제를 풀게 한다. 고학년으로 갈수록 교과과정에서도 연산 연습을 하는 강도가 점차 강화되어 자연스럽게 훈련 시간은 점진적으로 늘어난다.

하지만 아이가 연산 훈련을 강하게 거부한다면 잠시 쉬게 하는 것이 좋다. 억지로 책상 앞에 앉혀 공부시키면 오히려 연산에 대한 거부감이 생길 우려가 있다.

이럴 경우 아이와의 합의하에 일주일을 넘기지 않는 정도로 쉬는 기간을 정해 회복 시간을 줘야 한다. 그사이에는 절대 연산과 관련해 스트레스를 주지 말자. 다만 연산 훈련을 다시 시작할 때는 공부 시간을 정확하게 지키고 쉬는 시간도 확보해 준다.

연산 훈련에서 중요한 것은 정확성과 처리 속도이다. 이 두 요소는 우열을 가리기 힘들 만큼 모두 중요하다. 시작 단계부터 둘 다 잘할 수 있도록 공부 방향을 설정해 주는 것이 좋다.

IQ에 따라 맞춤형 선행학습을 하라

아이의 현재 수준보다 한 단계 높은 학습을 하는 것은 IQ를 올리는 데 도움이 된다. 왜냐하면 좀더 고차원의 사고력을 요구하는 문제나 심화된 개념, 혹은 새로운 개념을 함께 배우기 때문에 지적 호기심이 자극되는 효과가 있다.

다만 아이마다 능력이 다르기 때문에 새로운 공부를 익히는 속도를 굳이 다른 아이와 비교해서는 안 된다. 내 아이에게 꼭 맞는 맞춤형 선행학습의 수준을 찾아 흔들림 없이 실천하는 것이 매우 중요하다.

중학교 3학년 과정까지는 꾸준히 선행학습을 해줘야 효과가 있다. 만약 수학경시대회에 나가고 싶다면『수학 9-나』까지 진도를 마친 뒤 도전하길 권한다. 수학에 충분히 흥미를 갖고 있고 능력도 된다면『수학의 정석 10-상/하』까지 공부하는 것도 좋다. 그런 후에는 수학 올림피아드에 도전해 과학고 진학을 목표로 세워보는 것도 괜찮겠다.

IQ를 기준으로 선행학습의 수준을 판단할 수 있다. IQ 100을 기준으로 삼아 아이의 IQ가 130이라면 3년, 120이라면 2년 정도 선행하는 것이 바람직하다. 물론 아이의 동기 수준이 높고 수학적 지능이 뛰어나다면 공부 과정에서 진도를 빠르게 조정해 나가도 좋다.

초등 수학의 경우 추천하고 싶은 진도는 IQ 130 이상은 3개월에 1년 과정을, 그 이하는 4~5개월에 1년 과정을 마치는 것이다. 우리 연구소는 영재 아이들의 경우『최상위 수학』으로 3~4개월에 1년 과정을 가르친다. 중학교 과정은『개념원리』로 1년 과정을 6개월에 마치는 속도로 가르친다.

다만 아이가 힘들어하면 즉시 선행 속도를 늦추고 복습을 병행해야 한다. 수학은 나선 구조로 구성되어 있다. 따라서 지금 공부하는 내용이 어렵다고 느껴진다면 앞서 공부한 내용을 아직 숙지하지 못했다는 뜻이다. 선행학습 과정에서는 아이의 미미한 반응까지 주의해서 간파하고 주도면밀하게 대응해야만 최고의 학습 효과를 기대할 수 있다.

절대적인 공부량을 늘려라

이렇게 말하면 지금도 아이들이 공부를 너무 많이 하는데 여기서 분량을 더 늘리라는 건 가혹하지 않느냐고 의심하는 사람들이 있을지 모른다. 일리 있는 말이다.

한국 사람은 국제적으로 공부를 많이 하고, 또 잘하는 민족으로 정평이 나 있다. 2010년 12월 7일에 발표된 「OECD 학업성취도 국제비교연구 2009(Programme for International Student Assessment)」 결과가 명쾌하게 증명한다. 한국은 OECD 회원국 중 읽기 영역 1~2위, 수학 영역 1~2위, 과학 영역 2~4위로 최상위권의 성취 수준을 자랑했다. 핀란드가 읽기 영역 1~2위, 수학 영역 1~3위, 과학 영역 1위로 우리와 어깨를 나란히 했고 일본은 읽기 영역 3~6위, 수학 영역 3~6위, 과학 영역 2~3위를 차지했다. 우리의 학업성취도는 OECD 국가 중 단연 1위라 해도 과언이 아니다.

21세기 들어 한국 학생들의 학업성취도는 꾸준히 상승하는 추세이다. 물론 이에 대한 반론도 있다. 공부에 짓눌려 만성 스트레스에 시달리는 한국 학생은 불행하다는 우려의 목소리도 높고, 공부 시간에 비한다면 학업성취도가 결코 높지 않다는 냉정한 분석도 존재한다. 중요한 것은 1등이 아니라 학습 효과인데 한국 학생들의 공부법은 효율성 면에서 최저 수준이라고 비판하는 사람들도 있다. 그래서 우리의 학업성취도 결과를 평가절하하기도 한다.

하지만 내 생각은 다르다. 한국은 가진 것이라곤 인적 자원밖에 없는 나라라고 해도 과언이 아니다. 당연히 많이, 그리고 열심히 공부해야 한다고 생각한다. 공부를 많이 한다고 해서 전부 1등이 되는 것도 아니다. 잘한 것은 그 나름대로 인정하고 제대로 평가해야 한다.

그리고 사실은 잘하기보다 많이 하기가 더 어렵다. 공부를 많이 하려면 에너지, 즉 열정이 있어야 하기 때문이다. 특히 학령기에 공부를 많이 하는 것은 지능을 계발하는 좋은 수단이다. 모든 일에는 최적의 시기가 있다. 공부도 다 때가 있다고 말하지 않는가. 그 시기를 지나 공부하려면 의지만큼 머리가 활발하게 활동하지 못한다.

공부 머리도 한창 때가 있는 것이다. 정규 교육과정이 초등학교, 중학교, 고등학교 체계로 설계된 까닭은 학령기에 다양한 분야를 공부해야 균형 잡힌 두뇌 계발이 원활하게 이루어지기 때문이다.

한국 아이들이 스스로 불행하다고 여긴다는 뉴스를 접할 때마다 안타까움을 느낀다. 하지만 현상을 제대로 이해할 필요가 있다. 나는 아이들이 공부를 많이 해서 불행한 것이 아니라 문제는 자기 능력과 맞지 않는 공부를 억지로 하기 때문이라고 확신한다. 공부도 성취감을 확인할 때 좋은 성적도 기대할 수 있고 행복을 느끼기 마련인데, 대부분의 아이들이 자신의 능력과 적성을 고려하지 않고 무식하게 공부하는 것이 현실이다.

자신에게 꼭 맞는 공부를 하는 것은 지능 계발과 내적 성장을 위해서도 매우 중요하다. 그리고 아이들의 실력 향상은 국가 경쟁력으로 이어지는 선순환을 가져온다. 여러모로 아이들이 공부를 많이 해야 하는 이유는 분명하다.

얼마 전 타계한 스티브 잡스도 미국 학생들이 더 많이 공부해야 한다고 생각했다. 그는 오후 6시 이전에는 수업을 끝내지 말 것과 교장에게 인사권을 줘서 잘 가르치는 교사와 못 가르치는 교사의 급여를 차등 지급해야 한다고 버락 오바마 대통령에게 제안하기도 했다.

한국은 1970년대부터 자나 깨나 '둘만 낳아 잘 기르자' 운동을 펼친 결과 지금 심각한 저출산 문제에 당면했다. 마찬가지로 '아이들의 공부량을 줄이자' 캠페인을 벌인다면 앞으로 10년, 20년 후 공부와 담 쌓은 민족으로 바뀌지 말라는 보장도 없다!

내가 우려하는 지점은 공부량이 아니라 과도하게 투자하는 돈이다. 사교육 문제만 해결돼도 가계 부채가 줄고 국가 경쟁력이 강화된다는 평가도 있지 않은가. 정부는 사교육 비용을 줄일 수 있는 방안을 내놓아야 한다. 공교육의 질을 높여 사교육과 경쟁해서 이기든, 획기적인 대책을 세우든 다수가 공감할 만한 탁월한 해결책을 제시해야 한다.

전 세계 많은 국가들이 한국의 교육열을 부러워하는데 정작 우리 내부에서만 비판의 목소리가 높다. 자칫하다 교육을 등한히 해서 국가 생산성을 떨어뜨리는 결과를 초래할까 두렵다. 한 보고서에 따르면, 동양인이나 유대인이 다른 인종에 비해 지능이 뛰어나지 않은데도 국제적인 수준의 성과를 이루어내는 비결은 서양인보다 월등히 많은 학습량 때문이라고 설명한다.

리처드 니스벳 교수도 『인텔리전스』에서 다음과 같이 주장했다.

서양인들은 지능이 교육보다 유전에 더 크게 영향을 받고 개인의 성취를 오로지 개인의 것으로 간주하는 반면, 동양인은 후천적인 노력에 의해 지능이 변화할 수 있다고 믿으며 개인의 성취가 곧 가족이나 공동체의 성취로 이어진다고 생각한다. 이 때문에 동양인은 서양인에 비해 성취 욕구가 강하고 표준화된 지능지수를 통해 기대되는 잠재력을 넘어선 성과를 얻는 경우가 많다. 여기에는 절대적인 공부의 양과 시간이 투자됐다는 사실을 결코 간과해서는 안 된다.

충분한 수면을 취하라

초등학생이 억지로 잠을 줄여가면서까지 공부하는 것은 바람직하지 않다. 성장호르몬이 제대로 작용하지 못해 키가 자라지 않을 뿐 아니라 오히려 IQ를 떨어뜨릴 수도 있다. 특히 꿈을 꾸는 렘(REM, Rapid Eyes Movement) 수면 중에는 낮에 경험한 일들을 분류하고 저장하는 학습이 이루어지기 때문에 숙면을 취하는 것은 매우 중요하다.

구체적으로 수면이 기억력에 미치는 영향을 살펴보면, 잠을 잤을 때는 학습 이후 4시간 경과한 뒤에도 50퍼센트 이상을 기억하지만, 잠을 자지 않았을 때는 20퍼센트 정도밖에 기억하지 못했다. 단기기억이 장기기억으로 저장되는 과정은 주로 렘수면 중에 이루어진다.

사당오락, 심지어 삼당사락 따위의 근거 없는 말들에 휘둘리지 말길 바란다. 시험 전날 밤샘 공부의 결과는 시험 시간에 졸음만 부추길 뿐이다. 숙면을 통해 충분히 휴식을 취할 때 다음 공부를 이어갈 수 있는 에너지를 확보할 수 있다. "바보들은 밤새워 공부하고 현명한 사람은 자면서 공부한다"는 말도 있지 않은가.

재충전의 중요성은 수면뿐 아니라 공부 사이 10분의 휴식 시간을 제대로 쉬는 데도 적용된다. 잠자는 시간, 쉬는 시간만큼은 공부에 대한 부담감을 모두 떨쳐내야 한다. 그래야 공부를 할 때 오롯이 몰입해서 학습의 효율성을 극대화할 수 있기 때문이다.

아이가 코골이나 뒤척임이 심한 경우, 혹은 얕은 잠을 자서 자주 깨는 경우라면 공부 머리가 제대로 학습을 하지 못하고 있다는 뜻이다. 수면센터 등 전문가의 상담을 받아 조기에 치료하는 것이 좋다.

수면 시간은 너무 짧아도 너무 길어도 좋지 않다. 잠이 부족하면 신체가 제 기능을 수행하지 못하고, 지나치게 많이 자면 정신이 흐릿해진다. 한 연구 결과에 따르면 5시간 이하의 수면은 집중력, 기억력, 판단력 등 공부 머리를 떨어뜨린다고 한다.

균형 있는 영양을 풍부하게 공급하라

　공부 머리에 좋은 음식을 섭취하는 것도 빠뜨릴 수 없다. 잘 알다시피 DHA를 포함한 생선과 견과류를 꾸준히 먹으면 좋다. 활력을 더하는 비타민도 충분히 공급해야 한다.

　조금이라도 아침잠을 더 자겠다고 버티다가 결국 아침식사를 거른 채 등교하는 아이들이 많은데, 아침밥은 반드시 챙겨 먹어야 한다. 뇌는 수면 중에도 계속 활동하기 때문에 몸을 움직이지 않아도 자기 전에 먹은 에너지를 자는 동안 모두 써버린다. 아침밥을 굶으면 뇌에 공급될 에너지가 고갈된 상태이므로 수업 시간 내내 무기력하고 공부에 집중하지 못한다. 위장 장애는 따로 말할 필요도 없다.

　아침밥을 굶어 허기진 아이들이 결국 점심시간까지 견디지 못하고 과자나 패스트푸드로 배를 채운다. 포화 지방이 많은 패스트푸드나 인공감미료가 들어간 가공식품은 건강에도 좋지 않을뿐더러 공부 머리에도 나쁜 영향을 미친다.

　공부 머리가 건강하게 활동하려면 에너지가 필요한데 질 좋은 에너지는 당분이다. 아침밥으로 먹는 밥 한 공기의 탄수화물이 소화되는 과정에서 포도당으로 변해 두뇌의 에너지원으로 기능한다. 오전 수업 시간에 두 눈이 초롱초롱한 아이들과 초점이 흐릿한 아이들의 차이는 엄마가 차려준 아침밥 한 공기에 의해 좌우된다.

　학부모들을 대상으로 강의를 할 때마다 내가 꼭 강조하는 내용이 있다. '몸도 튼튼, 마음도 튼튼, 성적은 쑥쑥!'이 바로 그것이다. 건강은 공부 머리에 긍정적인 영향을 미친다. 공부가 중요하긴 하지만 건강을 해치면서까지 무리할 정도로 중요하지는 않다. 공부는 뒤처지면 다시 최선을 다해 따라붙을 수 있지만, 건강은 한번 잃으면 어지간한 노력 없이는 예전 상태로 회복되지 않는다.

신체 운동이 집중력을 강화하고 지능을 높인다

《뉴스위크》에 "꾸준히 운동하면 머리도 좋아진다"라는 제목으로 기사가 실린 적 있다. 나는 이 기사를 매우 흥미롭게 읽었다. 찰스 힐먼 교수가 실시했던 실험 때문이다.

힐먼 교수는 일리노이 주의 초등 3학년생과 5학년생 259명을 모아 운동 능력을 측정하고 수학 과목과 읽기 실력을 테스트했다. 그 결과 지능 수준에 영향을 미칠 수 있는 기타 요인을 감안하더라도 운동 능력이 뛰어난 아이들이 지능도 높게 나타났다. 운동 능력과 지능이 비례한다는 사실을 밝혀낸 것이다.

또한 3개월간 유산소운동을 하면 뇌에 새로운 신경세포가 생성되도록 돕는다는 내용의 연구 결과도 운동과 공부 머리의 상관관계를 증명하는 과학적인 근거로 충분하다. 이미 알고 있듯이 운동을 하면 몸 전체에 공급되는 혈액량이 많아지고, 더불어 산소량도 증가해 뇌를 원활히 활동하게 한다는 것과 같은 맥락이다.

힐먼 교수는 "30분간 러닝머신에서 뛰고 나면 48분 안에 뇌가 더 좋은 상태가 된다"고 주장했다. 하지만 그 상태가 지속되지 않기 때문에 꾸준히 운동하는 것이 중요하다.

그 밖에도 조지아 대학의 운동과학 교수 필 톰포로프스키는 "운동은 발달 중인 뇌에 보다 장기적인 효과를 미칠지 모른다"고 말한 바 있다. 성인보다 아이가 운동했을 때 머리에 미칠 수 있는 긍정적인 기대 효과가 훨씬 크다는 점을 쉽게 짐작할 수 있다.

미국 하버드 대학의 정신과 의사 존 래티는 "운동은 집중력을 높이고 침착하게 해줄 뿐 아니라 충동성을 낮춰 우울증 치료제인 프로작과 리탈린을 복용하는 것과 비슷한 효과가 있다"고 설명했다. 또 "운동을 하다가 도중에 그만두면 신경세포가 제대로 기능하지 않는다. 운동 효과를 유지하려면 지속적으로 운동해야 한다"고 주장했다. 2007년 켄터키 주에서는 학교에서 매일 30분씩 운동하도록 하는 법안을 통과시켰다.

영재에 관한 책을 읽다 보면 심심치 않게 나오는 문구가 있다. "몸집이 큰 아이가 더 똑똑한 어른이 된다." 나는 처음 이 문장을 접했을 때 지능과 몸집의 상관관계가 얼른 와 닿지 않았다. 그동안 내가 만났던 영재들이 정말 또래에 비해 체구가 좋았는지 회상해 봤지만 확신하기는 힘들었다. 대충 가늠해도 절반은 또래에 비해 몸집이 좋았고 절반은 그렇지 않았다.

하지만 그 아이들을 여러 해에 걸쳐 만나면서 실제로 영재들의 성장 속도가 매우 빠르다는 것을 목격했다. 특히 초등 저학년 때 봤던 영재 아이가 초등 고학년이 되고 중학생이 되자 날마다 크는 것처럼 급격하게 성장해서 놀라고 신기해했던 기억이 난다.

지능과 상관관계를 가지는 핵심 요인이 출생 시의 체격인지, 성장기의 체격인지는 확실하지 않다. 다만 이러한 연구가 이루어지고 있다는 것은 아이에게 운동이 여러모로 좋다는 사실을 시사하기에는 충분하다. 성장기의 아이가 몸집을 키울 수 있는 방법은 결국 운동뿐이다.

아이뿐 아니라 엄마가 운동을 하는 것이 중요하다는 연구 결과도 있다. 운동을 꾸준히 하는 엄마가 낳은 아이는 상대적으로 뇌가 크고 지능이 높다는 것이다. 또한 생후 9개월까지 모유를 수유하면 평범한 유전자를 가진 아이들도 IQ가 6점까지 올라간다는 보고도 있다.

내 아이의 미래를 생각한다면 부모가 먼저 꾸준히 운동하는 습관을 들이도록 하자. 아이는 부모를 보고 배운다. 솔선수범하자!

아이의 스트레스가 아니라 IQ를 높이는 부모의 태도는 따로 있다

부모의 태도가 얼마나 중요한지는 앞에서 말한 운동 효과와 연장선상에서 설명할 수 있겠다.

아기가 태어나면 가장 먼저 취하는 학습 방법이 모방이다. 태아 때부터 들어 익숙한 엄마, 아빠의 목소리를 듣고 안정감을 느껴 부모의 말과 이목구비의 움직임, 행동 등을 흉내 내려 한다. 부모는 몰랐겠지만 아이는 이미 학습을 시작한 것이다.

일상생활에서 부모가 아이에게 보여주는 태도는 인성 발달은 물론 공부 머리에도 결정적인 영향을 미친다. 부모의 태도에 따라 아이의 IQ

가 높아지기도 하고 낮아지기도 한다. 과연 아이의 공부 머리를 좋게 만드는 부모의 태도는 어떤 것일까?

평소 아이와 대화를 많이 나누자. 추상적이고 전문적인 교양 언어를 쓰면 효과가 극대화된다. 기본 언어에 비해 교양 언어는 상징성이 강하고 사고력을 자극하는 경향이 있어 아이의 추론력을 향상시키는 데 도움이 된다.

이런 대화가 가능하려면 어려서부터 책을 많이 읽고 자기 생각을 말과 글로 자꾸 표현하는 훈련이 선행돼야 한다. 평소에 부모가 책 읽는 모습을 자주 보여주면 아이는 저절로 책을 좋아하게 된다. 아이에게 책을 읽어주는 데서 시작해 책의 내용에 대해 함께 토론을 즐기는 수준까지 점진적으로 난이도를 상향 조정하면 좋다.

다만 이때도 주의해야 할 것이 있다. 아이가 알아듣지도 못하는데 무작정 수준 높은 교양 언어로 몰아세우면 안 된다. 오히려 거부감이 생겨 부모와의 대화를 기피할 우려가 있기 때문이다.

언어 외에 부모가 지켜야 할 태도는 아이에게 스트레스를 주지 않는 것이다. 초등학생 자녀를 둔 엄마들은 아이에게 다양한 경험 기회를 제공하기 위해 지나치게 의지를 불살라 아이의 스케줄을 빽빽하게 채운다. 하지만 숨통을 조이는 스케줄은 아이의 IQ는커녕 스트레스 지수만 높일 뿐이다.

엄마들이 내 아이를 위하는 순수한 마음에서 좋은 정보를 모으고 학습 계획을 세운다는 사실과 무엇보다 사랑을 전제로 한 모성애는 충분히 이해하고도 남는다. 하지만 지나치면 모자란 것보다 못하다고 했듯이, 여러 활동을 동시다발적으로 시키기보다 아이가 흥미를 보이는 활동 위주로 하나씩 진행하고 주기적으로 활동 내용을 바꾸는 것이 현명한 방법이다.

무조건 사랑을 쏟는 엄마, 내 아이에게 필요한 것을 꼼꼼하게 따지고 까다롭게 엄선하는 엄마. 과연 어느 쪽이 내 아이의 공부 머리에 유익할까? 당신은 어디에 해당하는가?

Mom Summary

잘 자는 아이가 공부도 잘한다

- 잠은 집중력 향상에 매우 중요한 조건이다. 하지만 알맞은 수면 시간은 사람마다 다르다. 토머스 에디슨은 수면 시간이 짧기로 유명했던 반면, 알베르트 아인슈타인은 잠을 많이 자지 않으면 다음 날 활동이 불편할 정도였다. 그러므로 내 아이에게 맞는 수면 시간을 먼저 파악해야 한다. 덧붙이자면 성인보다 성장기 아이들이 더 오래 자야 한다. 중학교 3학년은 평균 9시간 정도 자야 하고, 초등학생은 훨씬 더 많이 자야 한다.

- 아이의 수면을 방해하는 요인을 제거해야 한다. 텔레비전, 인터넷, 게임은 물론 학원도 수면의 양과 질을 떨어뜨릴 수 있다. 밤늦게까지 잠들지 못하고 다음 날 아침에 못 일어나는 일상이 반복되면 집중력 저하를 유발할 수 있다.

- 수면은 양보다 질이 더 중요하다. 잠을 잘 때 적정한 온도와 습도를 맞춰주자. 특히 호흡에 필요한 산소의 양이 중요하다. 환기를 잘해 방 안 공기를 맑게 해주자. 규칙적인 수면 습관을 기르는 것도 좋다. 잠들고 일어나는 시간을 정해서 실천하면 최상의 컨디션을 유지하는 데 도움이 된다.

20 좋은 머리가 나빠지기도 하나요?

　　　　　　　머리를 쓰지 않고 가만히 놔두면 현재 IQ가 그대로 유지될까? 절대 그럴 리 없다. 머리는 쓰지 않으면 결국 퇴화하고 만다. 두뇌는 평생을 두고 계발된다.

앞에서 인류의 IQ는 꾸준히 상승해 왔고 지금도 그 연장선상에 있다고 설명했다. 그 주요 요인으로 환경의 영향을 강조했다. 하지만 어떤 환경이냐에 따라 IQ에 역효과를 초래하기도 한다.

주변에 공부 머리를 방해하는 유해 환경이 널려 있다고 봐도 무방할 정도이다. 조금만 방심하면 내 아이의 IQ가 뚝뚝 추락할지 모른다. 과연 아이의 머리를 나빠지게 만드는 원인에는 어떤 것들이 있는지 구체적으로 살펴보자.

잠을 무리하게 줄이면
뇌의 효율성이 떨어진다

독일 루크 대학의 수잔네 디켈만 박사는 수면과 기억력의 상관관계를 밝히기 위해 실험을 진행했다. 성인 24명에게 그림 카드 열다섯 쌍을 보여주고 40분 뒤 얼마나 기억하는지 테스트했다. 12명씩 두 그룹으로 나눠 한 그룹은 일정 시간 동안 잠을 자지 않은 상태에서, 또 한 그룹은 짧은 시간 동안 낮잠을 자게 한 뒤 각각 테스트했다. 그 결과 잠을 자지 않은 그룹의 정답률은 평균 60퍼센트, 낮잠을 잔 그룹은 평균 85퍼센트로 나타났다.

미국 MIT 대학의 매튜 A. 윌슨 교수는 '수면이 통찰력을 높인다'는 내용의 논문을 발표했다. 잠을 통해 낮에 경험한 행동을 다시 복습한다는 실험 결과를 보고한 것이다.

우리 연구소도 수면과 공부 머리의 상관관계를 알아보기 위해 한진규 박사의 서울수면센터와 함께 학생들의 수면을 진단했다. 수면의 질이 떨어지면 공부의 효율성이 매우 낮아진다는 문제 제기에서부터 연구를 실시했다. SBS 방송, 민성원연구소, 서울수면센터가 함께 대전성모여고 학생들을 대상으로 임상 실험을 한 결과, 적절한 수면이 성적 상승에 영향을 미친다는 결과를 밝혀냈다.

수면은 뇌의 효율성을 높여주는 하나의 수단이다. 특히 초등학생의 수면이 매우 중요하다. 초등학생이 무리하게 잠을 줄이면서까지 공부하면 오히려 공부 머리가 나빠질 수 있다는 사실을 꼭 기억해 두길 바란다.

패스트푸드를 많이 먹으면
머리를 쓰기 귀찮아진다

패스트푸드가 공부 머리에 악영향을 미친다고 하면 의아해하는 사람들이 많다. 열량이 높고 가공 단계를 많이 거친 패스트푸드는 소화 과정에서 몸을 산성화한다. 산성 식품을 소화하려면 많은 양의 산소가 소비되므로 머리에 공급될 신선한 산소의 양이 줄어들어 머리 쓰는 일이 귀찮아지는 것이다.

일례로 한 어미가 낳은 강아지 두 마리에게 각각 채식과 육식만 하게 하는 실험을 실시했다. 그 결과 채식을 한 강아지는 순종적이며 온순하며 참을성이 있었던 반면, 육식을 한 강아지는 공격적이고 반항적이며 참을성이 없었다.

이 실험 결과는 사람에게도 그대로 적용된다. 육식은 신체를 산성화하는 대표적인 식습관이다. 패스트푸드 역시 그런 음식이다. 몸이 산성화되면 정서가 불안정해지고 주의가 산만해지는 등 성격적인 문제가 발생한다.

육식 위주의 식사를 한 아이의 성격은 신경질적이고 끈기가 약할 가능성이 높다. 이런 성격은 학습 습관에도 영향을 미쳐 답이 눈에 보이지 않으면 문제 풀기를 쉽게 포기하고 깊이 생각하기를 귀찮아한다. 단순히 IQ만 연관해서 생각할 문제는 아니다. 아이의 건강과도 직결되는 만큼 엄마가 아이의 식습관에 각별히 주의해야 한다.

인터넷 게임은 자극과 중독성이 너무 강하다

인터넷 게임은 장단점이 공존한다. 일정 부분 두뇌를 계발하는 기능을 갖고 있다. 먼저 장점을 살펴보면 문제 해결 능력과 과제 집착력을 키우고 공간지각력을 향상시킨다. 눈과 손의 협응을 도와 순발력을 키우기도 한다.

이런 장점에도 불구하고 인터넷 게임의 중독성 때문에 공부 머리에 부정적인 영향을 더 크게 미친다. 앞에서도 설명했지만 게임을 할 때 느끼는 자극의 강도는 아이가 공부를 통해 느끼는 성취감보다 훨씬 강하다. 한 번 강한 자극에 맛 들린 아이는 공부를 통한 성취감에는 흥미를 느끼지 못하고, 게임에 빠져 있는 시간이 계속적으로 늘어나는 것이다. 결국 게임에 중독되면 다른 자극은 밋밋하게 느껴지므로 그만큼 두뇌가 고르게 발달할 기회를 잃는다.

하지만 최근에는 게임 형식으로 만든 학습 콘텐츠가 많이 출시됐다. 학원이나 과외 대신 학습용 미디어 콘텐츠를 이용할 수 있다. 영어 공부는 정확한 발음을 익힐 수 있다는 점이 좋고, 오디오 서비스를 통해 듣기 능력을 계발할 수 있으며, 시청각 자료가 매우 잘 갖춰져 있어 미술관, 박물관, 연주회장 등을 직접 찾아가지 않고도 집에서 손쉽게 즐길 수 있다. 또한 아이들이 지루해하지 않고 공부에 흥미를 가질 수 있다는 장점이 있다.

그러므로 무조건 게임을 제지할 것이 아니라 학습과 연동된 유익한 콘텐츠를 골라 시간을 정해놓고 게임하도록 하는 방식을 추천한다.

텔레비전이 두뇌를 마비시킨다

텔레비전 시청의 위험성은 이미 오래전부터 경고되어 왔다. 부모 세대가 성장할 때도 '텔레비전은 바보상자이다'라는 말을 귀에 못이 박이도록 들었을 것이다. 하지만 그때마다 청개구리 심리가 발동해 부모가 하지 말라는 것은 더 하고 싶어진다. 다들 과거에 경험했으면서도 지금은 내 아이에게 텔레비전을 보지 말라며 아이와 옥신각신하고 있지 않은지 돌아보자.

텔레비전 시청이 아이에게 좋지 않다는 것은 이미 잘 안다. 텔레비전은 새로운 정보를 알려주기도 하지만 그것을 받아들일 때 수동적인 태도를 갖게 하는 것이 문제이다.

이 점은 조금만 신경 쓰면 바로잡을 수 있다. 아이가 혼자서 텔레비전을 보는 것이 가장 위험하다. 반드시 누군가와 함께 텔레비전을 보면서 방송 내용과 관련해 대화를 나누면 능동적으로 수용할 수 있다. 이해력, 사고력, 어휘력, 판단력 등을 계발할 수 있는 좋은 기회로 활용할 수 있는 셈이다.

또한 연구 결과에 따르면, 텔레비전은 두뇌의 전두엽을 마비시켜 충동 조절을 방해한다고 한다. 결국 성장기 아이에게 부정적인 영향을 끼쳐 점점 많은 인내력을 요구하는 중·고등학교 공부를 참아내지 못할 가능성이 커진다.

그러므로 어릴 때부터 텔레비전 시청 시간을 적절하게 정하고 스스로 절제하는 훈련을 하는 것이 좋다. 텔레비전에서 "9시, 어린이들은 잠자리에 들 시간입니다"라는 메시지를 전달하던 시절이 그리워진다.

과도한 경쟁은 아이가
제 능력을 발휘할 기회를 빼앗는다

요즘은 아이들 사이의 성적 경쟁이 아니라 엄마들의 자존심 경쟁이 더 치열한 것 같다. 그래서 좋은 학원이나 교재가 있어도 주변에 알려주지 않고 혼자만 독점하는 것이 당연시되는 분위기이다.

하지만 아이가 자라 사회에 진출하게 되면 혼자서 처리할 수 있는 일보다 서로 협력해서 달성해야 하는 일이 훨씬 많다. 어릴 때부터 지나친 경쟁 구도에서 혼자 공부한 아이는 사회에 나와 이런 분위기에 직면했을 때 쉽게 적응하지 못한다. 결국 자신이 가진 능력조차 빛을 발하지 못하고 좌절할 수 있다.

더욱이 과도한 경쟁 분위기는 아이에게 스트레스로 작용한다. 아이가 손톱을 물어뜯는다거나 자주 머리가 아프다거나 과도하게 예민해진다면 극심한 스트레스에 시달린다는 것을 빨리 간파하고 전문가에게 조언을 구해야 한다.

물론 여키스-도슨 법칙(Yerkes-Dodson law)을 통해서도 알 수 있듯이 적절한 강도의 스트레스와 긴장감은 학습 능률을 고조한다. 다음 그래프를 보면 스트레스나 불안이 일정 수준 증가하면 수행 능력과 효율성이 높아진다. 하지만 그 이상으로 스트레스나 불안이 쌓이면 수행 능력과 효율성이 급속하게 떨어지는 것을 확인할 수 있다. 그러므로 아이가 딱 중간 정도의 긴장 상태일 때 성취도가 가장 높다는 것을 엄마는 항상 인지하고 있어야 한다.

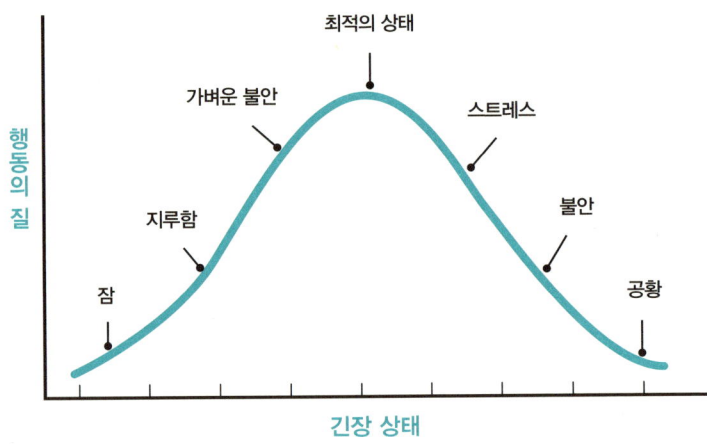

또 하나 주의할 점은 중간 정도의 긴장 상태를 유지하려면 아이에게 주어진 과제의 난이도가 어느 정도인지 점검해야 한다는 것이다. 만약 쉬운 과제라면 시간을 촉박하게 주고 빠르게 해낼 것을 요구하는 등 긴장 상태를 만들어준다. 반면 어려운 과제라면 시간은 넉넉하게 주되 혼자 힘으로 해결해야 한다는 생각을 갖게 할 만큼의 긴장 상태를 조성한다. 즉 과제의 난이도에 따라 긴장의 정도를 탄력적으로 활용해야 한다는 뜻이다.

'나 홀로 공부'는 아이의 능력을 다채롭게 발전시키지 못한다

한국의 정규 교육 시스템이 마음에 들지 않는다고 대안학교나 소수 정예의 국제학교에 보내거나 아예 홈스쿨링을 선택하는 부모들이 있다. 물론 공교육에 문제가 없는 것은 아니지만, 그럼에도 장점이 월등히 많다.

첫째, 한국 교사의 수준은 가히 세계 최고이다. 한국처럼 우수한 학생들이 선생님이라는 직업을 지원하는 나라는 많지 않다. 둘째, 학교는 아이에게 다양한 상호작용의 기회를 제공한다. 선생님과 학생, 동급생과 선후배 사이의 상호작용 속에서 아이들은 지혜롭게 살아가는 방법을 익힌다. 셋째, 국어·영어·수학 외에도 음악이나 미술, 특히 넓은 운동장에서 수업하는 체육 시간은 홈스쿨링이나 웬만한 대안학교가 제공하기 힘든 조건이다. 결국 홈스쿨링은 일부분만 발전시킬 뿐 전체적인 능력을 향상시키는 데는 한계가 분명하다.

그런데도 공교육, 특히 교권이 점점 무너지는 듯해서 가슴이 아프다. 교사가 자부심을 갖고 즐거운 마음으로 아이들을 가르쳐야 양질의 교육을 기대할 수 있기 때문이다. 그들의 지도 아래 대한민국의 미래가 성장해 가고 있음을 명심해야 한다.

마지막으로 하나만 더 짚고 넘어가야겠다. 경제적으로 풍족한 사람들은 최고의 교수에게 과외를 받는 것이 가장 좋은 교육이라고 생각하는데 반드시 그런 것은 아니다. 때로는 여럿이 공부하는 것이 아이에게 훨씬 좋을 수 있다. 또 지나치게 적은 인원이 듣는 수업은 강의가 늘어지고 긴장이 풀려서 오히려 수업 집중도를 떨어뜨릴 수 있다.

좋은 수업은 학생 수의 많고 적음으로 판단할 수 없다. 만약 학습 부진아라면 소수로 이루어진 수업이 더 나을 수 있지만, 우수한 아이에게는 학생 수가 좋은 교육의 척도가 될 수 없다. 여러 명이 같이 듣는 수업도 강사가 긴장도를 높여주면 충분히 효과적일 수 있기 때문이다.

❈ Mom Summary

아이의 공부 머리에 좋은 음식

- **계란** 완전식품 중 하나로 손꼽히는 계란은 성장기 아이들의 신체, 신경 발육은 물론 두뇌 발달에도 좋은 음식이다. 가능하면 매일 섭취하고, 아이가 질리지 않도록 계란찜·계란말이·오므라이스 등 조리 방법을 달리해 보자.

- **우유** 필수 영양소들이 골고루 들어 있는 우유도 성장기 아이들이 반드시 섭취해야 하는 주요 음식이다. 대뇌에 좋은 각종 영양소를 제공한다.

- **생선** 특히 생선 머리에 지능 발육을 촉진하는 레시틴이 매우 풍부하게 들어 있다. 머리까지 통째 먹을 수 있는 멸치를 날마다 섭취하면 기억력, 사고력, 분석력에 도움이 된다.

- **바나나** '지혜의 소금'이라 불리는 레시틴과 비타민 B6가 풍부하다.

- **사과** 사과의 아연 성분이 기억력을 높여주고 뇌의 활동력을 촉진시킨다.

- **호두** 뇌세포의 노화를 억제하고 기억력과 사고력을 높인다. 다만 하루에 너무 많이 섭취하면 변비, 코피 등을 유발할 수 있으므로 반드시 적당량으로 제한해야 한다.

- **다시마** 다시마 같은 해조류는 대뇌 발육에 없어서는 안 될 필수 영양 식품이다.

잠재력을 창의적인 재능으로 바꾸는 힘, 집중력

다중지능이란 무엇인가요? | 창의력이 뛰어나면 공부를 못해도 상관없다? | 메타인지란 무엇인가요? | 창의력보다 기억력이 좋아야 공부를 잘한다? | 집중력이란 무엇인가요? | 집중력이 나쁘면 어떤 행동을 하죠? | 집중력을 기르는 방법에는 무엇이 있나요? | 산만한 아이는 어떻게 가르치나요?

21
다중지능이란 무엇인가요?

초등학교에 들어가면서부터 아이들은 바빠진다. 학교 수업이 마치는 대로 수학 학원, 영어 마을, 피아노 교실 등을 전전하다 보면 하루가 어떻게 지나는지 모를 정도이다. 아이가 공부 욕심이 많아 스스로 학원에 다니길 원했다면 사정이 다르겠지만, 대부분은 엄마의 욕심이 초래한 결과이다. 내 아이를 위해 아낌없이 지원하겠다는 엄마의 넘치는 사랑으로 아이는 오늘도 지쳐간다.

물론 초등 시기에 자기 재능을 알기 위해서는 다양한 체험을 해보는 것이 중요하다. 하지만 아이가 힘들어한다면 그 방법이 틀렸음을 인정해야 한다. 각종 시도 끝에 "이건 아닌가 보다"라고 엄마가 실패를 인정하는 순간, 아이는 더 큰 좌절감과 패배감을 맛본 후이다.

엄마가 아이의 학습 계획을 세우고자 한다면 무엇보다 아이의 공부 머리를 제대로 이해해야 한다. 아이의 재능과 수준을 무시하고 엄마가 일방적으로 주도하다 보면 실패는 불 보듯 뻔하다. 그런데도 많은 엄마들이 이런 실수를 반복하고 있으니 신기할 따름이다.

인생에서 성공하는 길이 국어, 영어, 수학을 완벽하게 잘해야만 열리는 것은 결코 아니다. 아무리 노력해도 수학 실력이 개선되지 않는다면 아이의 인생에서 수학을 과감히 빼는 결단이 필요하다. 수학 대신 미술이나 체육 등 아이가 잘하는 분야로 교체하면 된다.

물론 이때도 "아무리 그래도 수학을 하긴 해야지"라는 말을 해서는 안 된다는 점을 명심하자. 엄마의 결단력이 빛나는 순간이다. 아이의 인생에서 수학을 제외하기로 했다면 앞뒤 잴 것 없이 완벽하게 빼줘야 한다. 그래야만 아이가 자신에게 맞는 길을 찾아서 행복한 공부를 시작할 수 있다.

김연아 선수 같은 스포츠 스타나 유명 음악가, 화가들이 어린 시절에 과연 수학 때문에 고통받았을까? 물론 수학도 잘하고 스포츠도 만능인 아이도 있을 수 있다. 하지만 그것은 1,000명에 1명 있을까 말까 한 예외적인 경우이다.

특히 한국은 많은 명문 대학들이 포진해 있는 미국과는 사정이 다르다. 한국에서는 특출하게 공부를 잘하는 소수만이 이름 있는 대학에 진학한다. 그러므로 예체능과 공부를 병행한다는 것은 사실상 불가능에 가깝다. 국민소득이 높을수록 예체능 분야 직업군의 소득수준이 높다. 내 아이의 타고난 재능이 공부가 아니라 예체능 분야라면 망설일 필요가 없다. 공부 머리도 다양한 재능 중 하나일 뿐이다.

내 아이의 재능을 어떻게 발견할 수 있을까? 이때 알아두면 좋은 것이 바로 다중지능 이론이다. 1983년 하워드 가드너가 저서 『마음의 틀』을 통해 소개한 이론으로, 책은 발간되자마자 뜨겁게 주목받았다. 특히 교육 종사자들이 큰 관심을 보였다. 기존 이론을 전복할 만한 전혀 새로운 지능 이론을 체계화했기 때문이다.

가드너는 인간의 지능은 다양한 요소로 구성되어 있으며, 각각의 요소들이 상호 협력한 결과 한 사람의 전체 능력이 완성된다고 설명했다. 다중지능을 이루는 여덟 가지 요소들을 하나씩 살펴보겠다.

◐ 언어 지능 언어 지능은 단어의 소리·의미·리듬에 대한 감수성과 관련된 능력으로, 말을 하거나 글을 쓰는 표현 능력과 관계있다.

언어 지능이 높은 아이는 언어를 배우는 속도가 빠르고, 토론 시간에 두각을 드러내는 경우가 많다. 그만큼 말을 잘하고 글을 잘 쓴다. 실제로 시인이나 소설가처럼 말이나 글로 다른 사람의 마음을 움직일 줄 아는 사람들이 언어 지능이 높다.

언어 지능을 계발하기 위해서는 어휘력과 문장 구사력 위주의 훈련을 강화하는 것이 좋다. 대화를 나눌 때는 단답형이 아닌 문장형으로 대답하는 습관을 들여야 한다. 브레인스토밍도 좋은 훈련 방법이다. 브레인스토밍이란 하나의 주제에 대해 떠오르는 개념을 무작위로 나열하는 것을 말한다.

◐ **논리·수학 지능** 논리·수학 지능은 논리적인 기호나 숫자를 이해하고 다루는 능력이다.

논리·수학 지능이 발달한 아이는 복잡한 문제가 주어졌을 때 본질에 접근하고 해결하는 속도가 매우 빠르다. 또래 사이에서 유난히 계산이 빠르거나 퍼즐을 잘 맞추는 아이가 있다. 바로 이 아이가 논리·수학 지능이 높은 사례이다. 실제로 컴퓨터 프로그래머처럼 논리성과 낯선 기호에 접근하는 능력이 요구되는 직업을 가진 사람들이 논리·수학 지능이 높다.

논리·수학 지능을 자극하기 위해서는 두 가지 방향으로 접근해야 한다. 하나는 논리적인 추론력을 향상시키는 것이다. 평소 대화를 나눌 때 아이에게 "왜 그렇게 생각해?"라고 물어보는 것이 많은 도움이 된다. 또한 책을 읽고 또래 아이들과 소그룹으로 토론하는 시간을 갖는 것도 좋다.

또 하나는 셈 능력과 숫자 친화력을 향상시키는 것이다. 연산 훈련이 도와줄 것이다. 시간이나 돈에 대한 관념이 생길 수 있도록 일상생활에서 자주 예측해 보는 것도 괜찮은 훈련 방법이다. 예를 들어 눈금 없는 시계를 보면서 시간을 알아맞힐 수도 있고, 시장을 본 다음 돈을 얼마나 썼는지 짐작해 볼 수도 있다.

◐ **시각·공간 지능** 시각·공간 지능은 말 그대로 시공간적인 차원을 힘들지 않게 인지하는 능력이다.

초등 수학의 공간도형을 공부할 때 이차원 종이 위에서 삼차원 도형을 머릿속으로 상상해서 문제를 푸는 속도가 매우 빠른 아이들이 시각·공간 지능이 높은 편이다. 길눈이 밝거나 건물의 구조를 빠르게 파악하는 사람 역시 마찬가지이다. 특히 건축 관련 직업을 가진 사람에게 매우 중요한 능력이다.

어려서부터 블록이나 퍼즐 같은 장난감을 갖고 놀면 시각·공간 지능을 자극하는 데 도움이 된다. 대개 블록이나 퍼즐은 남자아이용 장남감이라 생각하는데 여자아이에게 더 필요하다. 왜냐하면 주로 인형놀이나 소꿉놀이를 하는 여자아이들은 시각·공간 지능을 계발할 기회가 남자아이에 비해 상대적으로 적기 때문이다.

그 밖에 아동용 3D 영화의 관람 기회를 자주 갖길 권한다. 스토리를 이해하는 것도 중요하지만 눈앞에서 펼쳐지는 삼차원 영상은 평소 보기 힘든 신기한 현상이어서 뇌의 시각·공간 지능을 아주 강렬하게 자극하기에 충분하다.

생각이나 사물을 그림, 찰흙 등으로 표현하는 방법도 좋다. 추상적인 이미지를 구체화하고, 평면적인 이미지를 입체화하려는 시도 자체가 매우 수준 높은 시각·공간 지능을 자극하는 과정이다.

◯ **신체·운동 지능** 신체·운동 지능은 몸의 움직임을 스스로 통제하고 조절할 수 있는 능력을 의미한다.

어린 나이에도 텔레비전에 나오는 댄스 가수들의 춤 동작을 그대로 따라하는 아이들의 경우 이 지능이 매우 높다 하겠다. 자신이 느끼는 감정을 몸으로 표현하는 데 능숙하며 운동, 무용, 춤과 관련된 직업을 가진 사람들이 많다.

신체·운동 지능은 어려서부터 다양한 신체 활동을 하면 발달한다. 놀이터도 좋은 훈련 공간이다. 미끄럼틀, 그네, 정글짐, 시소 등은 전신을 움직여야 하는 매우 효과적인 놀이기구이자 운동기구이다.

아빠와 함께 놀이 겸 운동을 하는 것도 좋다. 안전을 중요하게 여기는 엄마는 놀 때도 "조심해", "위험하니까 안 돼" 하는 말을 입에 달고 다닌다. 그야말로 아이의 신체·운동 지능을 발달시키는 데는 전혀 도움이 되지 않는다. 상대적으로 과감하게 몸을 쓰며 놀아주는 아빠의 방법이 아이의 신체·운동 지능을 자극하는 데 탁월하다. 이외에도 음악을 들으면서 체조를 한다거나 또래 아이들과 함께 운동하는 것이 좋다.

○ 음악 지능 음악 지능은 음에 민감하고 자유자재로 음을 사용할 수 있는 능력을 의미한다.

신체·운동 지능이 높은 사람이 한번 본 춤을 그대로 따라하듯, 음악 지능이 높은 사람은 한번 들은 멜로디를 온전히 기억하곤 한다. 연주가나 작곡가들 중에 이 지능이 높은 경우가 많다.

음악 지능을 향상시키려면 어려서부터 다양한 음을 접할 기회를 자주 가져야 한다. 요즘은 멜로디 장난감, 컴퓨터 등을 통해 아주 어려서부터 음악과 친숙해질 기회가 많다. 하지만 기계음보다 자연음이 아이의 정서에도, 음악 지능을 자극하는 데도 더 유리하다.

자연음이라고 해서 어렵게 접근할 필요는 없다. 주변에 널려 있는 모든 것이 악기이다. 가족의 목소리부터 엄마가 음식을 만드는 소리, 아빠가 노래를 흥얼거리는 소리도 아름다운 소리이다.

다양한 악기 소리를 들려주고 직접 배우는 것도 좋다. 피아노 학원에 많이 다니지만 집에서도 충분히 가능한 방법이 많다. 리코더, 하모니카, 실로폰, 우쿨렐레, 멜로디언, 오카리나 등 다양한 악기들을 실제로 연주하거나 연주회, 뮤지컬 등 공연을 관람하는 방법을 추천한다.

○ 대인관계 지능 대인관계 지능은 다른 사람의 마음이나 의도를 빠르게 파악하고 이에 대처하는 능력을 의미한다.

보통 눈치 빠른 아이가 이 지능이 높다. 다른 사람의 표정이나 몸짓에 민감하고 분위기를 잘 파악한다. 대인관계 지능이 높은 아이는 학교에서 반장 같은 역할을 자주 맡아 리더십을 키울 수 있는 기회를 자연스럽게 확보한다. 직업으로 보면 영업사원이나 정치인에게 대인관계 지능이 가장 필요하다.

아이들은 어려서부터 인터넷, 게임 등에 노출되기 쉬운 환경에 처해 있다. 이런 환경이 위험한 까닭은 여럿 있지만, 대인관계 지능과 관련해서도 문제가 심각하다. 바로 혼자 보내는 시간이 길어지면서 사회화 과정, 즉 사람들과 관계를 맺는 훈련이 이루어지지 않는다는 것이다.

초등학교에 들어가기 전부터 인터넷, 게임, 영상미디어 등을 멀리하고 또래 문화에 적응할 수 있도록 시간을 할애해 줘야 한다. 초등학교에 입학한 뒤로도 학교나 학원에서 무슨 일이 있었는지 자주 물어보고, 아이가 자신에게 일어난 사건을 어떻게 받아들이고 대처하는지 살펴봐야 한다. 만약 상황에 대처하는 능력이 부족할 때는 아이와 함께 대화를 나누면서 다른 사람을 이해하고 배려하는 방법을 깨우쳐 나가도록 도와주자.

최근 학내 '왕따' 문제가 심각하다. 과거에는 고등학생 사이에서 만연했는데 갈수록 연령대가 어려져 지금은 중학교 1~2학년으로까지 내려왔다고 한다. 초등학생도 안심하기는 힘들다. 대인관계 지능이 미숙한 아이는 친구들의 따돌림으로 고통받을 수 있다. 내 아이가 친구들과 잘 어울리는지 늘 관심을 갖고 지켜봐야 한다.

🔹 **자기이해 지능** 자기이해 지능은 자기 스스로를 알고 통제할 수 있는 능력을 말한다.

이 지능이 뛰어난 아이는 자아존중감이 높고 자기감정을 잘 조절한다. 특이하게도 자기이해 지능은 그 자체만으로 어떤 능력을 발휘하지는 않고 다른 지능이 발휘될 수 있도록 돕는 역할을 한다.

실제로 2008년 EBS 다큐멘터리 〈아이의 사생활〉에서 다룬 내용을 살펴보면, 국내 최초로 심장이식수술에 성공한 외과의사 송명근, 2007년 로잔국제발레콩쿠르에서 1위를 차지한 발레리나 박세은, 1999년 올해의 디자이너 상을 수상하고 유럽에서 활약하는 패션디자이너 이상봉, 2007년 신인 골든디스크 상을 수상한 가수 윤하 등 특정 분야에서 인정을 받으며 활동하는 사람들의 다중지능 검사 결과를 보면 특정 지능과 함께 자기이해 지능이 높았다고 한다. 어떤 분야에서 성과를 이루기 위해서는 그와 관련된 지능과 함께 스스로를 평가하고 조절할 수 있는 자기이해 지능이 높아야 한다는 것이다.

아이가 스스로를 돌아보는 기회를 자주 갖는다면 자기이해 지능을 키울 수 있다. 가장 좋은 방법은 가족과의 대화와 일기 쓰기이다. 이때 엄마는 아이가 자신이 느낀 감정과 스스로에 대한 평가를 솔직하고 다채롭게 표현할 수 있도록 조언해 줘야 한다.

● **자연친화 지능** 자연친화 지능은 가장 최근 추가된 독립 지능 중 하나이다. 자연을 관찰하고 그 속에서 살아가는 존재들을 분류해 내는 능력으로, 자연탐구 능력이라고 이해하면 편하다.

또래 아이들에 비해 유난히 동물과 식물에 관심이 많고 종(種)의 미묘한 차이도 빠르게 분간한다면 이 지능이 발달했을 가능성이 높다. 실제로 동물학자, 식물학자, 환경학자들의 다중지능 검사 결과를 보면 이 지능의 수치가 단연 높았다.

자연친화 지능을 향상시키기 위해서는 우선 아이가 자연을 관찰할 수 있는 기회를 제공해야 한다. 단순하게는 정해진 시간에 아이와 산책을 나간다거나, 가끔 시골로 놀러 가서 직접 자연을 느끼도록 해줄 수 있다. 집에서 애완동물을 길러도 좋고, 간단한 식물을 키우면서 관찰 일기를 써보는 것도 권할 만하다.

최근 주말농장을 방문하거나 야외로 캠핑을 가는 가족이 많은데 자연친화 지능을 기르는 아주 좋은 방법이다. 학원, 아파트, 텔레비전 등을 떠나 자연을 직접 체험하다 보면 저절로 자연에 대한 호기심과 관심이 일어난다. 학교나 학원에서는 결코 배울 수 없는 값진 공부의 기회가 될 것이다.

🌸 Mom Summary

여덟 가지 독립 지능별 특징

- **언어 지능이 높은 아이** 토론에 능숙하고 글솜씨가 훌륭하며 책 읽는 것을 좋아한다. 어휘력, 독해력, 사고력이 좋으며 대체로 교과 성적이 우수한 편이다.

- **논리·수학 지능이 높은 아이** 논리적인 과정에 관한 문제를 다른 아이들보다 훨씬 빠른 속도로 해결한다. 수학이나 과학같이 논리적인 과목에서 두각을 드러낸다. 교과 공부와 가장 관련이 높은 지능이다.

- **공간 지능이 높은 아이** 기하학을 잘하고 지도에 대한 이해력과 기억력이 좋다.

- **신체·운동 지능이 높은 아이** 생각이나 느낌을 몸동작으로 표현하는 능력이 뛰어나다. 몸의 균형 감각과 촉각이 잘 발달했다.

- **음악 지능이 높은 아이** 음감이 뛰어나고 한번 들은 음악이 기억 속에 잘 저장될 뿐 아니라 그 음악을 재생하는 능력도 출중하다.

- **대인관계 지능이 높은 아이** 다른 사람의 기분, 감정, 의향, 동기 등을 인식하고 구분하는 능력이 뛰어나다.

- **자기이해 지능이 높은 아이** 자아존중감이 강하고 어떤 문제에 직면했을 때 스스로 해결하려 하는 편이다.

- **자연친화 지능이 높은 아이** 기후의 변화에 대한 감수성이 뛰어나고 자연탐구 능력이 발달했다.

창의력이 뛰어나면 공부를 못해도 상관없다?

21세기 들어 가장 주목받는 능력은 창의력이다. 그래서 유아와 초등 교육용 프로그램에는 '창의력을 키워준다'는 문구가 후렴구처럼 빠짐없이 따라붙는다. 엄마들은 아이가 태어나기 무섭게 갖가지 교구며 교육 프로그램을 앞다퉈 구입하고 아이가 훗날 스티브 잡스처럼 되기를 꿈꾼다.

과연 창의력의 정확한 정의는 무엇일까? 한국교육심리학회가 펴낸 『교육심리학 용어사전』을 보면 "새롭고 독창적이고 유용한 것을 만들어내는 능력, 또는 전통적인 사고방식을 벗어나서 새로운 관계를 창출하거나 비일상적인 아이디어를 산출하는 능력"이라고 정의한다.

보통 IQ와 창의력을 별개의 독립된 능력으로 생각하는 사람들이 많다. IQ와 창의력은 별다른 관계가 없을까? 한 연구에 따르면, IQ 120까지는 지능과 창의력의 상관관계가 높으며 그 이상이 되면 줄어든다고 한다.

학자들의 정의를 종합해 보면 창의력은 유창성, 융통성, 독창성, 정교성 네 가지 요소로 구성된 능력이라 할 수 있다. 지금부터 각각의 요소들을 좀더 자세히 들여다보자.

◑ **유창성** 유창성은 문제를 해결하기 위해 다양한 관점이나 여러 대안에 접근할 수 있는 능력을 말한다. 서로 다른 분야의 지식을 결합해 참신한 방향을 도출하는 능력이다. 그러기 위해서는 기존의 지식을 잘 정리해 종합할 줄 알아야 한다.

시험 출제 유형이 갈수록 과목들을 결합하는 방식으로 진행되고 있다. 수능은 해당 과목만 우수해서는 좋은 성적을 기대하기 어렵다. 수학 문제를 잘 풀려면 출제 의도를 잘 파악해야 하는데, 그러려면 국어 이해력이 뒷받침돼야 한다. 수학 지식은 경제 교과를 도와주고, 국사 지식은 지리나 정치 교과와 밀접하게 연결되어 있다.

논술은 더욱이 유창성이 필요한 분야이다. 전 과목에 대한 이해가 뛰어나야 하고, 기억하고 있는 지식을 서로 통합해서 자신만의 언어로 표현해 내야 하는 고차원의 창의력을 요구한다. 이처럼 모든 분야의 지식은 그 자체로도 중요하지만 서로 긴밀하게 영향을 미친다.

성장기 아이에게 편식이 위험하듯 학령기에는 모든 교과목을 치우침 없이 공부해야 한다. 학교에서 가르치는 교과목들은 우열을 가릴 수 없다. 영어와 수학만큼 음악과 체육도 아이의 균형 잡힌 공부 머리를 위해 반드시 필요하다.

⊙ 융통성

융통성은 기존의 관점이 아닌 전혀 다른 각도로 문제에 접근하는 능력을 말한다.

아이들 중에는 처음에 생각한 방식대로 문제가 풀리지 않아도 계속 똑같은 방식을 고집하다가 결국 포기하고 마는 경우가 있다. 이럴 때 융통성이 부족하다고 한다.

반면 융통성이 뛰어난 아이는 여러 각도로 시도해 보며 그 과정을 즐긴다. 엄마나 선생님이 방법을 제안해도 제 나름대로 발견한 방법을 문제에 적용해 본다. 그러다가 전혀 새로운 아이디어를 발견하기도 한다. 설령 실패하더라도 이렇게 도전할 줄 아는 태도를 칭찬함으로써 아이에게 자신감을 불어넣어주면 좋다.

닭이 알을 품는 모습을 보고 한 사내아이가 알을 품었다. 알은 당연히 부화될 리 없었다. 사람들은 어리석다고 생각했을지 모르지만 그 아이의 엄마는 아들의 도전을 말리지 않았다. 이미 짐작했겠지만 바로 이 사내아이가 인류의 발명왕, 토머스 에디슨이다.

융통성은 남들이 생각하지 못하는 다른 면을 볼 수 있게 하기 때문에 독창성과 밀접하게 연결되고, 아이디어의 질적인 면까지 보강해 주는 역할을 한다. 보통 사람들이 결코 시도하지 않는 발상을 떠올리고 실천할 줄 아는 재능을 엄마는 제대로 간파하고 지원을 아끼지 말아야 한다.

🔹**독창성** 독창성은 앞서 말했듯이 융통성과 연계되는 개념으로, 우리가 흔히 말하는 '새로움'을 창출하는 능력이다. 약간 엉뚱해 보이지만 기발한 것, 그것이 바로 독창성이다. 많은 사람들이 창의력 하면 '독창적인 아이디어를 떠올리는 능력'이라고 생각할 만큼 독창성은 창의력에서 아주 중요한 요소이다.

독창성은 사실 후천적으로 기르기 어렵다. 하지만 평소에 비틀어 보고, 거꾸로 보고, 낯설게 보고, 남다른 시선으로 생각하는 연습을 자꾸 하면 아주 불가능한 것만은 아니다. 많은 엄마들이 의식하든 안 하든 아이들에게 정답, 바른 것, 좋은 것, 착한 것 등을 강요하곤 한다. 아이의 독창성을 가로막는 가장 큰 적이 엄마의 교육철학일 수 있다.

문제집을 풀 때도 마찬가지이다. 무조건 정답지에 나와 있는 풀이 방식이 옳다고 확신하지 말고 아이가 다른 방법을 시도할 수 있도록 기회를 주자. 물론 시간이 좀 지체될 수 있어 아이를 지켜보는 엄마는 속이 바싹바싹 타들어갈지 모르겠다. 하지만 내 아이의 인생에서 그 시간은 찰나에 불과하다. 더 기다리고 인내할수록 내 아이의 창의력이 빛을 발하게 될 것이다.

🔹**정교성** 정교성은 아이디어에 살을 붙이는 능력을 말한다. 쉽게 말하면, 기존에 알고 있던 아이디어에 좀더 세밀한 내용을 추가해 한층 새로워 보이게 하거나 가치를 높이는 능력이다. 이것도 아이디어의 질을 강화할 수 있는 요소이다.

정교성을 계발하려면 평소 아이에게 질문할 때 단순히 아는지 모르는지 단답형으로 체크하지 말고, 더 자세히 설명해 보라거나 무언가 더 채울 것은 없는지를 확인하는 것이 도움이 된다. 이것이 습관화되면 나중에는 엄마나 선생님이 묻지 않아도 아이 스스로 자기 아이디어를 더 완벽하게 만들기 위해 고민하고 보강하게 될 것이다.

창의력의 구성 요소를 살펴보면 IQ 좋은 아이의 조건과 크게 다르지 않다는 사실을 알 수 있다. 문제를 인식하고 분석하고 해결하는 힘은 결국 사고력이므로, 완전히 독립적으로 서로 다른 사고 과정이라 보기 어렵기 때문이다.

창의력은 삶의 질을 높여주고 문화와 예술을 꽃피우는 데 없어서는 안 될 아주 중요한 요소이다. 창의력은 신을 닮고 싶어 하는 인간이 도달할 수 있는 최고의 능력일지 모른다. 하지만 스티브 잡스도 말했듯이 공부를 전혀 안 하는 아이가 창의력이 좋아질 리 없다. 창의력을 키운다고 공부를 등한히 하는 일은 없어야겠다.

창의력은 기존의 지식을 바탕으로 발휘되는 것이다. 지식을 집어넣는 데는 반복적인 주입식 교육이 옳고, 저장된 지식을 꺼내는 데는 토론식 학습이 옳다. 그러므로 주입식이 그르고 토론식만 옳다고 주장하는 것은 바람직하지 않다. 이 둘은 보완적인 관계이지 대체적인 관계가 아니다.

아이작 뉴턴은 "거인의 어깨에서 미래를 본다"고 했다. 앞선 연구자들의 지식을 모두 공부한 후 새로운 연구를 하는 것이지 어느 누구도 무에서 유를 창조할 수는 없다는 뜻이다.

❋ Mom Summary

창의적인 사람의 긍정적인 특징

- 스스로 일하는 것을 좋아한다.
- '만일 ~라면 어떻게 될까?' 식의 질문을 좋아한다.
- 관계를 파악한다.
- 아이디어가 샘솟는다.
- 어휘력이 풍부하고 화술이 뛰어나다.
- 동시에 여러 개의 아이디어를 처리한다.
- 진부하고 반복되는 일을 싫어한다.
- 자신에게 주어진 과제보다 더 많은 일을 한다.
- 자신의 발명품이나 발견에 관해 이야기하기를 좋아한다.
- 정해진 절차와 다른 방식으로 처리하는 것을 좋아한다.
- 새로운 시도를 두려워하지 않는다.
- 과제 수행의 결과가 남들과 달라도 개의치 않는다.

창의적인 사람의 부정적인 성격

- 신체적으로나 정신적으로 과잉 행동을 보인다.
- 성미가 까다롭거나 감정적이다.
- 관행과 예절에 대해 무관심하다.
- 법, 규칙, 권위에 대해 의문을 갖는다.
- 고집이 세다.
- 간섭받기를 싫어한다.
- 자기중심적이고 너그럽지 못하며 요령이 없다.
- 반항적이고 비협조적이다.
- 변덕스럽고 부주의하며 무질서하다.
- 냉소적이고 거만하다.
- 참을성이 없고 요구 사항이 많다.
- 잘 잊어버리고 정신이 다른 곳에 있다.
- 지저분하고, 세부적인 사항이나 사소한 일을 정돈하지 못한다.

메타인지란 무엇인가요?

IQ가 높은 아이보다 메타인지력이 높은 아이가 인생에서 성공할 확률이 높다는 연구 결과가 있다. 도대체 메타인지란 무엇일까? 이해를 돕기 위해 얼마 전 텔레비전에서 방영한 다큐멘터리 〈0.1%의 비밀〉을 예로 들어 설명하겠다.

제작진은 전국 모의고사 석차가 상위 0.1퍼센트 안에 드는 학생 800명과 평범한 학생 700명을 비교하면서 두 그룹 사이에 어떤 차이가 있는지 탐구했다. 아래 대화를 살펴보자.

제작진 "'네, 또는 아니오'로 최대한 빨리 대답해 주세요. 우리나라 수도의 이름을 알고 있나요?"

A　　　"네."
　　제작진　"과테말라에서 두 번째로 큰 도시의 이름을 알고 있나요?"
　　A　　　"아니오."

　대부분의 사람들이 A와 같이 반응할 것이다. 이렇게 대답하는 것은 인간의 두뇌가 지닌 특별한 능력 때문이다.
　만약 컴퓨터에 어떤 파일이 있는지 알아보기 위해 검색창에 파일 제목을 입력하고 '검색' 버튼을 클릭하면 컴퓨터는 제목에 해당하는 파일을 검색한다. 찾는 파일이 있다면 제목과 위치가 화면에 나타난다. 하지만 그 파일이 컴퓨터에 없으면 꽤 오랜 시간을 들여 하드디스크를 모두 검색한 뒤에야 "파일을 찾지 못했습니다"라는 메시지가 뜬다. 컴퓨터는 사람과 달리 '아니오'라는 대답이 '네'보다 항상 느릴 수밖에 없다.
　그렇다면 왜 사람은 서로 다른 두 종류의 대답을 거의 같은 속도로 처리할 수 있을까? 비밀은 우리가 모른다고 대답할 때 뇌의 전체를 '스캔'하지 않기 때문이다. 그렇다면 모른다고 판단한 주체는 무엇일까? 이때 등장하는 것이 바로 메타인지이다.
　메타인지는 자신이 무엇을 알고 모르는지 아는 것부터 모르는 부분을 보완하기 위한 계획과 실행을 평가하는 것까지 전반적인 과정을 뜻한다. 인지심리학자들은 세상에 두 종류의 지식이 있다고 주장한다. 즉 알고 있다는 느낌은 있는데 설명할 수 없는 지식과, 알고 있다는 느낌뿐 아니라 남에게도 설명할 수 있는 지식이다. 그런데 후자만이 진짜 지식이며 실제로 사용할 수 있는 지식이라고 말한다.

우리는 이해하지 못하는 것을 설명할 수는 없다. 또 설명하는 동안 자연스럽게 내가 이해하지 못하는 부분을 스스로 확인한다. 따라서 스터디 그룹의 최대 수혜자는 설명을 듣는 사람이 아니라 열심히 준비해서 남들에게 설명하는 발제자이다.

〈0.1%의 비밀〉에서 상위권 학생들은 공통적으로 "자신만의 공부 스타일이 있어야 한다"고 말했다. 이것은 상위권 학생들이 공부할 때 메타인지를 활용한다는 증거이다. 자기에게 맞는 공부 스타일을 찾았다는 것은 스스로 공부하는 과정을 평가하고 자신에게 부족한 점을 보완하기 위해 노력했다는 뜻이기 때문이다.

프로그램에서 실시한 여러 실험들 가운데 단어 기억 테스트가 매우 흥미로웠다. 서로 연관성이 없는 단어 25개를 보여주고 나중에 기억나는 것을 검사하는 실험이었다. 실험 전에 학생들에게 얼마나 기억할 수 있을지 미리 추측하게 했다.

실험 결과 0.1퍼센트의 학생들은 자신이 짐작한 것과 실제 결과가 크게 다르지 않았다. 하지만 나머지 학생들은 자신이 잘 모르는 것을 알고 있다고 생각하는 것으로 나타났다. 즉 자신이 알 것이라고 예측한 것보다 결과적으로 훨씬 적게 기억했다.

0.1퍼센트의 학생들은 자기 능력을 정확하게 인지했고, 그 성과가 어느 정도일지 냉정하게 판단할 수 있다는 뜻이다. 따라서 자신에게 맞는 공부 스타일을 발견해 효율적으로 성적을 관리할 수 있다.

이처럼 메타인지 능력이 뛰어난 아이들은 옆에서 누가 가르쳐주지 않아도 스스로 알아서 자신에게 맞는 공부 계획을 세우고 실천한다. 하지만 주변에는 시간과 능력을 고려하지 않고 무리하게 세워진 계획에 끌려다니는 아이들이 대부분이다. 이런 아이들은 메타인지 능력이 부족하기 때문에 아이를 잘 아는 사람이 방법을 알려주고 훈련을 도와줘야 한다.

예를 들어 이런 방식이다. "책을 읽을 때는 그 책에서 무슨 말을 하려고 하는지 잘 생각하면서 읽어보렴. 중요한 단어나 문장은 노트에 옮겨 적도록 해. 하지만 옮겨 적는 시간을 너무 오래 소요하면 좋지 않아. 그럼 어떻게 할까? 책에 색연필로 체크해 가면서 읽어보자. 그런 다음 체크한 내용을 보면서 앞서 읽은 내용도 떠올려 함께 정리하면 되는 거지. 한번 해볼까?"

이처럼 메타인지를 하는 사고 과정의 전반적인 흐름을 설명해 주는 것이 도움이 된다. 또한 시간을 두고 아이가 스스로 좀더 효율적인 방법을 찾아가며 공부할 수 있도록 조금씩 조언해 주는 것도 좋다. 그러나 너무 오래도록 옆에서 꼬박꼬박 일러주면 오히려 자기주도적으로 공부하는 법을 모르게 되므로 점차 간섭을 줄여가야 한다.

이 밖에 아이가 공부하면서 스스로 점검할 수 있도록 리스트를 만들어주는 것도 좋다. 점검 리스트를 만들 때 반드시 포함돼야 하는 질문은 다음과 같다.

- 지금 공부하려는 게 무엇인가요?
- 무엇을 이루기 위해 공부하나요?
- 공부하기 위해 지금 무엇을 하고 있나요?

- 공부가 잘된다는 느낌이 있나요? (만약 없다면 무엇이 문제인가요?)
- 문제점을 해결하기 위해 무엇이 필요한가요?
- 필요한 것 중에서 내가 할 수 있는 것은 무엇인가요?
- 필요한 것 중에서 내가 할 수 없는 것은 무엇인가요?
- 할 수 없는 것을 해결하려면 누구에게 도움을 구할까요?
- 처음에 하려던 공부는 잘 마쳤나요?
- 더 효율적으로 할 수 있는 방법은 없을까요?
- 그 방법으로 한번 해볼까요?

이런 점검 리스트는 어렵고 복잡한 단계로 이루어진 공부나, 아이가 유독 힘들어하는 과목에 활용하면 도움이 된다.

메타인지 능력을 높이는 또 다른 방법에는 '선생님 놀이'가 있다. 자기가 모르는 내용을 남에게 전달할 수는 없다. 아이가 공부한 내용을 이해했는지 점검하는 데 아주 효과적인 방법이다. 아이가 선생님이 되어 친구나 엄마를 상대로 자신이 아는 내용을 설명하게 해보자. 이때 엄마가 긍정적인 반응을 보이면 아이의 자존감도 더불어 높아지는 효과를 얻을 수 있다.

학교나 학원에서 수업을 진행할 때 아이들에게 돌아가며 발표를 하게 하는 것도 메타인지 능력을 향상시키기 위해서이다. 사람들 앞에서 발표하다 보면 자신이 아는 내용을 가장 효과적으로 전달하는 방법까지 함께 익힐 수 있다. 발표력, 표현력, 어휘력 등도 자연스럽게 길러진다.

24

창의력보다 기억력이 좋아야 공부를 잘한다?

창의력이 좋아야 할까, 기억력이 좋아야 할까? 여기서 잠시 고등학교 시절로 돌아가자. 나는 수학 문제를 풀 때 『수학의 정석』에 나온 풀이 방식대로 못 풀어서 고민했을까, 아니면 『수학의 정석』과는 다른 방식으로 못 풀어서 고민했을까? 또 많은 의사들은 기존 수술법대로 수술을 잘 못해서 고민할까, 아니면 새로운 수술법을 개발하지 못해서 고민할까?

사람들은 대부분 수학 문제를 『수학의 정석』대로 풀려 하고, 기존에 누군가 개발한 수술법대로 완벽하게 수술하려고 애쓴다. 거의 평생 동안 그렇게 살아간다. 다시 처음 질문으로 돌아가자. 창의력이 우선일까, 기억력이 우선일까?

나는 엄마들과 상담할 때 이 질문을 많이 한다. 흥미로운 사실은 유독 초등학생 엄마들만 기억력보다 창의력이 중요하다고 굳게 믿는다는 것이다. 이상한 일이 아닐 수 없다. 중학생 이상의 학부모들은 아이가 중·고등학교에 진학하고 대학을 졸업하면 현실적으로 안정적인 직업을 갖길 바란다. 하지만 초등학생 엄마들만 유독 내 아이가 스티브 잡스보다 더 훌륭하게 자랄 거라고 믿는 경향이 강하다.

물론 아주 불가능한 일은 아니다. 천재들이 외계인이 아닌 이상 그들에게도 분명 코흘리개 초등학생 시절이 있었으니까. 그러나 냉정하게 따져 그 확률이 얼마나 될까?

두 눈을 초롱초롱 반짝이고 고사리 같은 손으로 요것조것 가리키며 쉴 새 없이 조잘조잘 물어대는 아이를 대견한 눈길로 바라보는 엄마를 단번에 기죽이겠다는 의도로 이런 말을 하는 것은 결코 아니다. 단지 날만 새면 들려오는 창의성 타령에 사로잡혀 기억력이라는 중요한 요소를 평가절하하는 것은 아닌지 다시 한 번 생각해 보자는 뜻에서 하는 말이다.

학교 공부를 하면서, 그리고 사회에 진출해 직장에 다니면서 사실상 우리에게 가장 많이 요구되는 능력은 기억력이다. 또 나이를 먹어갈수록 누구나 나날이 퇴화되는 기억력에 발목 잡혀 고생한다.

분명한 사실은 대부분의 공부는 기억력만 좋으면 다 해결된다는 것이다. 엄마가 이것만큼은 반드시 '기억'해 두자.

IQ와 기억력의 상관관계는 이미 앞에서도 설명했다. IQ 높은 아이는 대체로 기억용량이 커서 한번 인지한 것을 또래 아이들보다 오래 기억한다. 기억의 지속 시간이 길다는 것은 다른 문제를 해결할 자원으로 자신이 기억해 둔 정보를 잘 활용할 수 있다는 뜻이므로 매우 중요하다.

공부를 할 때 가장 큰 도움이 되는 것은 단기기억(작업기억)이다. 단기기억에서 수많은 정보들이 걸러지기 때문이다. 어떤 정보는 장기기억으로 넘어가기도 하고, 또 어떤 정보는 아예 잊힌다. 그런데 장기기억은 용량이 거의 무제한이기 때문에 아이가 단기기억으로 받아들인 지식을 최대한 장기기억으로 넘겨주는 것이 좋다.

하지만 단기기억의 용량은 제한되어 있다. 공부를 잘하는 아이들은 대체로 또래보다 단기기억 용량이 큰 편이다. 단기기억에조차 남아 있지 못하는 지식은 아이의 공부에 도움이 되지 않는다는 사실을 알아두자. 아무리 이해가 빨라도 기억 과정에서 정보를 잃어버리고 만다면 공부에 아무런 도움이 되지 않는다.

중요한 단기기억을 최대한 많이 장기기억으로 만드는 것이 시급하다. 그 방법은 앞서 설명했지만 요긴한 내용인 만큼 한 번 더 복습하고 지나가겠다.

아이는 수업 시간에 선생님이 말하는 내용을 그대로 외우지 않는다. 개념을 한 번 더 가공한다. 새로운 지식을 자신의 것으로 만드는 과정에서 아이는 '자신만의 언어나 이미지'로 바꾸는 것이다.

『아이의 뇌를 읽으면 아이의 미래가 열린다』의 저자 멜 레빈 박사는 이 과정을 '재구성'이라고 표현하고, 보통 '요약하기'나 '압축하기'의 형태를 띤다고 설명했다. 하지만 재구성이 수동적으로 이루어지면 장기기억으로 전환되지 않을 가능성이 크다.

그렇다면 아이가 기억력이 좋은지 나쁜지는 어떻게 확인할 수 있을까? 가장 빠른 방법은 시험공부를 하는 모습으로 알 수 있다. 시험은 아이가 얼마나 개념을 잘 기억하고, 이것을 활용해 문제를 잘 해결하는지 점검하는 기회이다.

이때 엄마가 꼭 알아둬야 하는 것은 '시험 결과'가 아니라 '시험공부'를 통해 관찰해야 한다는 것이다. 시험에 대비해 공부하는 것이 곧 아이에게는 기억력 훈련이기 때문이다. 그러므로 아이가 시험을 싫어하고 스트레스를 받지 않도록 공부 과정이 중요하다는 점을 일깨워주는 것이 필요하다.

Mom Summary

기억력 훈련 방법

● **자기 경험과 연결시켜라**

처음 접하는 개념은 보통 단기기억으로 저장됐다가 그대로 잊히는 경우가 많다. 하지만 경험과 연결해 기억하면 장기기억이 되기 쉽다. 기억은 감정과 함께라면 훨씬 수월하게 저장되기 때문이다. 특히 기쁨, 분노와 관련된 기억은 다른 감정보다 훨씬 오래 기억에 남는다고 한다. 아이의 즐거운 기억과 연결 지어 새로운 개념을 외우게 하자.

● **체계적으로 기억하라**

체계적으로 정리해서 외우면 기억하기가 훨씬 쉽다. 무작위로 배열된 단어보다 일관된 기준에 따라 분류한 단어를 더 많이 기억하는 것은 실험을 통해서도 증명됐다. 아이가 공부한 내용을 체계적으로 정리하는 습관을 들이면 기억력이 한층 좋아질 것이다.

가장 좋은 정리법은 효율적인 필기이다. 수업 시간에 선생님이 불러주는 대로 받아쓰기보다 그래프, 도표, 그림 등으로 표현해 자신의 것으로 만드는 필기법을 추천한다. 하나의 개념을 배우고 나면 반대 개념도 함께 찾아 정리하거나 음을 붙여 노래처럼 외우게 하는 방법도 시도해 볼 만하다.

● **잠자기 직전에 기억하라**

잠을 자는 동안, 즉 렘수면 중에 뇌가 정보를 분류하고 기억회로에 저장한다는 사실은 이미 많은 연구를 통해 밝혀졌다. 특히 장기기억이 잘 정리되는 시간은 잠들기 직전이라고 알려져 있다. 하루 동안 공부한 내용을 종이 한 장에 정리하고, 그 내용을 한 번 훑어본 후 잠드는 습관을 들이자.

● **수업 전후를 활용하라**

수업 시간을 이용해 기억력 훈련을 하는 방법도 있다. 수업 전후에 소그룹을 지어 공부 내용을 함께 정리하는 시간을 갖는 것이다. 수업이 시작하기 전에는 이전 시간에 배운 내용을 훑어보며 복습하고, 수업이 끝난 후에는 오늘 배운 내용을 정리하는 것이다. 실제로 상위권 학생들은 수업 전후를 적극적으로 활용한다. 이 방식의 장점은 혼자 정리할 때 놓칠 수 있는 개념을 다른 친구들과 토론하는 과정에서 발견할 수 있고, 친구들의 정리법이나 필기법을 보고 배울 수 있다는 것이다.

집중력이란 무엇인가요?

잠깐 타임머신을 타고 초등학교 수업 시간으로 돌아가자. 선생님은 한 손에 교과서를 들고 열심히 설명하시고, 창 밖 운동장에서는 맨손체조를 하는 아이들의 구령 소리가 들려온다. 어디서 들어왔는지 파리 한 마리가 교실 안을 윙윙 날아다닌다.

선생님 말씀이 자꾸만 딴 곳으로 샌다. 문득 아침에 엄마한테 혼난 생각이 난다. 갑자기 와락 기분이 나빠진다. 그러다 앞을 바라보니 그동안 몰랐는데 앞자리에 앉은 친구의 뒤통수가 이상하게 생겼다. 웃음이 쿡쿡 난다.

우리의 학창 시절을 떠올리면 쉽게 짐작되듯이 아이들의 수업 시간도 대체로 이렇게 흘러가기 마련이다. 사실 수업 내용을 처음부터 끝까지 하나도 놓치지 않고 집중하는 아이는 없다. 살짝 재수 없는 엄친아 반장도, 모르는 게 없는 만물박사 녀석도 수업 시간 내내 완벽하게 충실하기란 불가능하다. 사람은 오감을 통해 동시에 여러 자극들을 받아들이기 때문이다.

엄마들은 곧잘 "우리 아이는 게임할 때면 누가 들어와도 몰라요", "동화책은 2시간도 꼼짝 않고 읽고 레고를 갖고 놀 때는 아예 시간 가는 줄 몰라요"라고 말하면서 아이의 집중력이 좋은 것 아니냐고 묻는다. 하지만 자신이 좋아하는 데 집중하는 것은 엄밀히 말해 집중력이라 할 수 없다.

집중력을 위해서는 충동 조절 능력이 전제돼야 한다. 공부하겠다고 마음먹었으면 마음에서 뭉게뭉게 피어오르는 게임의 충동을 이겨내야 한다. 엄마의 심부름으로 당근을 사러 가는 길에 같이 놀자는 친구를 만나도 그 유혹을 떨칠 수 있어야 한다. 애초의 목적을 위해 수시로 일어나는 부수적인 욕망을 과감히 떨쳐버릴 수 있는 충동 조절 능력이 좋은 아이가 집중력도 뛰어나다.

충동 조절 능력이 부족하면 다른 사람이 이야기할 때 말을 끊고 끼어들며, 분노를 다스리지 못해 시비가 붙기도 한다. 실제로 소년원에 수감된 아이들 중 상당수가 충동 조절 능력이 낮았다고 한다. 따라서 아이가 한 가지 일에 도통 집중하지 못하고 주의가 산만해 보인다면 유심히 관찰해서 빨리 해결해 줘야 한다.

집중력이 높아야 공부를 잘한다는 것은 누구나 아는 사실이다. 집중력이 좋은 아이는 어떻게 다를까?

자기 선택에
최선을 다한다

집중력이 높은 아이는 자신이 선택한 일에서만큼은 최선을 다해 주의를 기울이고 방해가 되는 다른 자극은 차단한다. 수업 전후가 분명해서 수업 시간에는 선생님 말씀에 집중하고, 10분 쉬는 시간에는 긴장을 풀고 재충전을 한다. 그리고 다시 수업이 시작되면 집중 모드로 빠르게 전환한다. 새로운 것을 시작하면 앞서 했던 일을 완전히 잊고 현재에 충실한다.

반면 집중력이 낮은 아이는 자신이 선택한 자극과 원하지 않는 자극을 구분 없이 받아들인다. 그래서 수업 시간에 자꾸 딴생각이 나고, 혼자 공부할 때도 친구랑 놀 생각이나 게임의 한 장면이 떠올라 주의가 산만해진다. 거실에서 울리는 전화벨 소리에도 누가 전화했는지, 무슨 통화를 하는지 괜히 궁금해진다.

스스로 충동을
조절할 줄 안다

집중력이 있는 아이는 지금 해야 할 일과 하고 싶은 일이 있을 때 해야 할 일을 먼저 한다. 공부할 때는 다소 힘들더라도 공부를 마치고 났을 때의 기쁨을 생각하면서 지금의 어려움을 별로 심각하게 생각하지 않는다. 다른 사람이 말할 때는 끼어들고 싶더라도 상대방이 마음 상할 것을 예상하고 경청한다.

하지만 집중력이 떨어지는 아이는 상대방의 심정보다 자기 욕망이 앞선다. 상대방의 말이 채 끝나기도 전에 끼어들어 상대방을 불쾌하게 만들거나, 심지어는 그로 인해 싸움이 일어나기도 한다. 집중력이 없는 아이는 유혹에도 쉽게 넘어가 당장 숙제를 해야 하는데 인터넷 게임의 충동을 물리치지 못해 결국 엄마한테 혼나곤 한다. 자제력이 약하기 때문이다.

지속적으로 집중할 수 있다

집중력이 좋다는 것은 집중하는 시간이 길다는 의미이다. 주의가 산만한 아이는 5분을 집중하기 힘들어하는 반면, 집중력이 강한 아이는 30분 이상을 거뜬히 집중할 수 있다. 공부 시간에 비해 성적이 부진하다면 아이의 집중력이 떨어지지는 않는지 의심해 볼 필요가 있다. 몸은 책상 앞에 앉아 있지만 정신은 온갖 생각들로 바쁠지 모른다.

그렇다면 나이에 따라 집중하는 시간은 어느 정도가 적당할까? 유치원생은 평균 10분 이내, 초등 1학년은 10분, 2학년은 20분, 3학년은 30분 정도 집중하면 양호한 편이다. 물론 아이의 신체적·심리적인 상태에 따라 조금씩 가감하면 된다. 아이가 기준 이상 집중한다면 집중력이 좋고, 평균보다 집중 시간이 짧다면 집중력이 약한 것이다.

공부는 수업을 듣는 시간의 총량도, 책상 앞에 앉아 있는 시간의 총량도 아니라 아이가 집중하는 시간의 총량에 의해 결정된다. 그러므로 산만해서 집중력이 낮은 아이는 본격적으로 공부를 하기 전에 집중하는 법부터 익혀야 한다. 엄마는 아이가 공부에 집중하기 좋은 환경을 만들어줘야 한다.

결국 위의 세 가지 특징이 서로 조화롭게 반응하는 것이 집중력이다. 그중 어느 하나에만 문제가 생겨도 집중력이 떨어지고 학습에 영향을 미친다. 상담을 하다 보면 아이가 게임을 하거나 텔레비전을 볼 때는 잘 집중하는데 유독 공부할 때만 집중하지 못한다는 말을 자주 듣는다. 왜 그럴까?

게임을 하거나 텔레비전을 볼 때 아이의 눈빛을 한번 들여다본 적 있는가. 아이는 레이저광선을 쏘는 듯 그야말로 눈에 불을 켜고 집중하는 것처럼 보인다. 하지만 그것은 집중이 아니라 사실은 계속 바뀌는 새로운 자극을 받아들이는 것이다. 특히 자신이 원하는 데 능동적으로 집중하는 것이 아니라 외부에서 주어진 자극에 수동적으로 반응하는 것일 뿐이다.

엄마들이 아이의 집중력에 신경 쓰기 시작하는 시기는 대체로 초등학교에 입학한 뒤부터이다. 집에 있을 때는 아이가 제멋대로 굴어도 집중력과 연결해서 생각하지 못하다가 규칙을 따라야 하는 학교생활이 어수선하면 바로 눈에 띈다. 그때부터 엄마는 '원래부터 주의가 산만한 아이였나?' 하고 아이를 걱정하기 시작한다.

그런데 머리 좋은 아이는 초등 3학년까지는 집중력에 문제가 있어도 잘 드러나지 않는다. 머리가 좋아서 그다지 집중하지 않아도 학교 수업을 따라가는 데 별 무리가 없고, 공부를 열심히 하지 않아도 성적이 잘 나오기 때문이다.

그러나 학년이 올라가면서 수업의 난이도가 높아지고, 시험문제도 복합적인 유형으로 출제되며, 공부 범위도 갑작스럽게 증가해 집중력이 좋은지 나쁜지 금방 드러난다. 머리가 좋아도 주의가 산만하면 더 이상 좋은 성적을 기대할 수 없다.

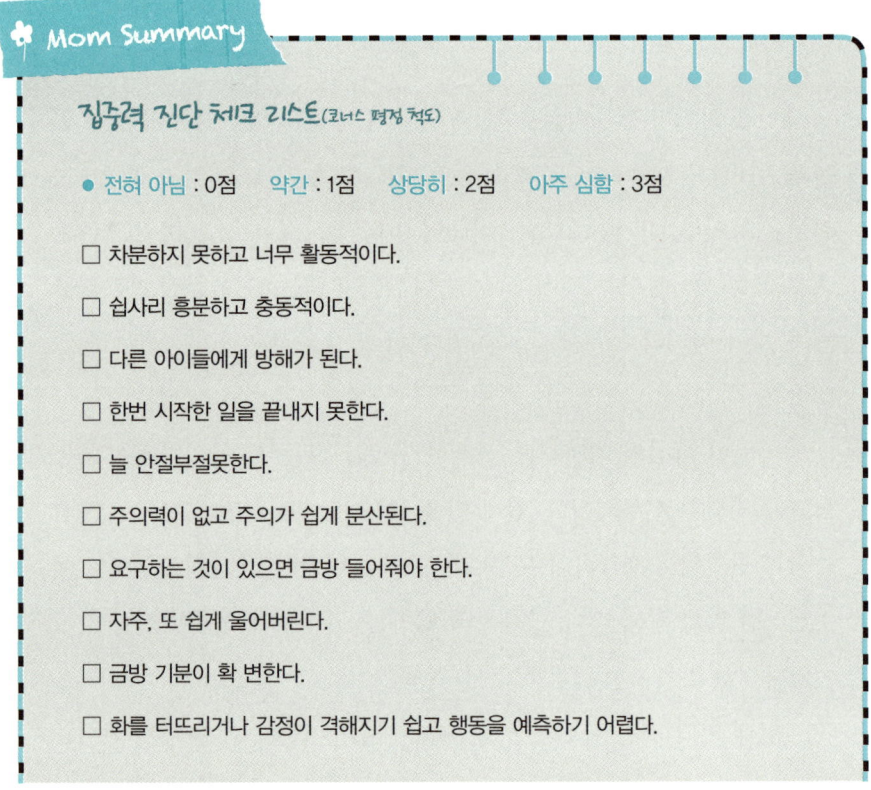

♣ Mom Summary

집중력 진단 체크 리스트 (코너스 평점 척도)

● 전혀 아님 : 0점   약간 : 1점   상당히 : 2점   아주 심함 : 3점

☐ 차분하지 못하고 너무 활동적이다.
☐ 쉽사리 흥분하고 충동적이다.
☐ 다른 아이들에게 방해가 된다.
☐ 한번 시작한 일을 끝내지 못한다.
☐ 늘 안절부절못한다.
☐ 주의력이 없고 주의가 쉽게 분산된다.
☐ 요구하는 것이 있으면 금방 들어줘야 한다.
☐ 자주, 또 쉽게 울어버린다.
☐ 금방 기분이 확 변한다.
☐ 화를 터뜨리거나 감정이 격해지기 쉽고 행동을 예측하기 어렵다.

- 체크 결과, 총점이 15점 이상이면 집중력에 문제가 있다. 다만 이 척도는 참고 사항이며, 부모의 성향에 따라 높게, 혹은 낮게 평가할 수 있으므로 아이가 심각할 정도로 산만하다고 느낀다면 전문가의 조언을 듣는 것이 좋다. 아이가 집중하지 못하는 이유는 상당히 많기 때문에 원인을 정확하게 파악해야 한다.

- 일반적으로 집중력이 떨어지는 원인은 유전, 수면 부족, 운동 부족, 심리적인 불안정, 동기 저하 등이 있다. 그러므로 겉으로 나타나는 행동(집중 시간)만으로 판단하지 말고 K-WISC 지능검사나 ATA 집중력 검사 등을 통해 종합적으로 살펴봐야 한다.

26
집중력이 나쁘면 어떤 행동을 하죠?

　　　　　　　아이가 지나치게 산만하고 도무지 집중하지 못해도 유아기에는 사내아이라서 그렇다거나 부모를 닮은 성격 탓으로 여기고 심각하게 생각하지 않는다. 그러다가 유치원에 들어가고 초등학교에 입학한 뒤에도 여전히 산만한 모습을 보이면 그제야 걱정하기 시작한다.

　상담실 문을 두드리는 엄마들 대다수가 아이의 집중력에 대해 묻는다.

　"우리 아이는 컴퓨터 게임을 할 때는 두세 시간도 꼼짝 않고 집중하는데 공부할 때는 5분도 채 가만있지를 못해요."

　"평소 학습지를 공부할 때는 문제를 잘 푸는데 시험 때만 되면 쉬운 문제조차 틀려요."

"내가 챙겨주지 않으면 아이 혼자서는 사소한 준비물도 못 챙겨요. 다른 아이에 비해 정리도 못하고요."

"연필을 몇 다스나 잃어버렸는지 몰라요. 도대체 아이가 왜 그러는지 모르겠어요."

"혹시…… 아이가 ADHD는 아닐까요?"

아이의 집중력에 대해 엄마들은 대체로 기대 수준이 높은 편이다. 앞에서도 말했듯이 아이의 평균적인 집중 가능 시간은 유아기 10분 이내, 초등 저학년 10~20분 내외, 고학년 30분 정도이다. 중·고등학생도 40~50분 정도 집중하면 정상이다. 학교 수업 시간은 이 기준을 적용한 것이다.

그런데 엄마들이 바라는 수준은 기준치 이상이다. 흔히 "우리 아이는 초등 2학년인데 1시간도 집중하지 못해요"라고 말하곤 한다. 그 나이의 아이에게는 지극히 당연한 일인데 과하게 걱정하는 것이다. 솔직히 성인도 1시간을 온전히 집중하기는 어렵다.

엄마들을 상담하다 보면 아이들의 집중력 결핍이 21세기 들어 갑작스럽게 증가한 현상같이 느껴질 정도이다. 사실 어느 때나 아이들은 부주의했고 산만했다. 부모 세대가 어렸을 때만 돌아봐도 금방 이해할 것이다. 과거에는 그저 좀 부산스러운 아이 정도로 치부하고 넘긴 것들을 지금은 괜히 더 문제 삼는다고 보일 지경이다. 하지만 복잡다단한 환경 속에서 실제로 집중력에 문제가 있는 아이들이 급증했을지 모른다는 가능성도 전혀 배제하지는 않는다.

집중력이 떨어지는 듯 보이지만 실제로 우리 아이들은 대부분 정상인 경우가 많다. 부모의 우려가 과도한 것이다. 다만 정말 집중력에 심각한 문제를 보이는 아이도 있다. 그럴 경우 앞으로 어떻게 가르쳐야 할지 알아보자.

그전에 집중력 결핍에 대한 정확한 진단이 선행돼야 한다. 집중력 결핍 증세가 있는 아이는 주의력 결핍, 과잉 행동, 충동성 세 가지 유형의 징후가 나타난다. 각각에 대해 좀더 구체적으로 살펴보자.

◐ **주의력 결핍** 주의 깊게 관찰하지 않으면 단지 꼼꼼하지 못하다고 치부할 수 있다. 아이가 성장 단계에 못 미치게 부주의한 모습이 오랫동안 관찰된다면 ADHD 증상 중 하나가 발현되는 것으로 볼 수 있다.

- ◆ 놀이를 하거나 공부를 할 때 순간적인 집중력만 보인다.
- ◆ 다른 사람이 말을 할 때 귀 기울여 듣지 않는다.
- ◆ 계획을 세우지 못하거나 계획을 세운다 해도 거의 지키지 못한다.
- ◆ 한 가지 일을 하다가 다른 자극이 새로 들어오면 금방 집중력이 흐뜨러진다.
- ◆ 정리와 정돈을 지나치게 싫어한다.
- ◆ 단체로 하는 활동이나 오랜 시간 집중해야 하는 작업을 싫어한다.

◐ **과잉 행동** 아이의 과잉 행동을 대부분 산만하다고 여기고 지나칠 수 있다. 충동을 자제하지 못하는 모습이 대표적이다. 하지만 이 또한 아이가 성장 단계에 못 미치게 과한 행동을 오래도록 지속한다면 ADHD 증상 중 하나가 나타나는 것으로 볼 수 있다.

◆ 놀이를 하거나 공부를 할 때 손이나 발을 끊임없이 움직인다.
◆ 교실에서 수업할 때 제자리에 앉아 있기를 힘들어하고 쉬는 시간이 되면 정신없이 뛰어다닌다.
◆ 또래에 비해 지나치게 말이 많거나 쉼 없이 행동한다.
◆ 대체로 안절부절못한다.

○ **충동성** ADHD 증세가 있는 아이들은 대부분 자기 행동을 제어할 줄 모르기 때문에 충동적인 행동을 하는 경향이 많다.

◆ 줄을 서야 하거나 순서대로 일을 해야 하는 경우에 자기 차례를 기다리기 힘들어한다.
◆ 자신에게 주어진 일을 하기보다 다른 사람의 일을 방해하는 것에 더욱 집중한다.
◆ 다른 사람과 대화할 때 상대방의 말을 끊고 자기 말만 하는 경우가 많다.
◆ 이걸 했다가 저걸 했다가 하면서 변덕스러운 모습을 보인다.

집중력이 부족하면 크게 두 가지 문제점이 발생한다. 학교 공부를 따라가지 못해 뒤처지거나 충동을 자제하지 못해 자신은 물론 주변 사람들에게 피해를 주기 때문에 아이의 사회성이 떨어진다. 공부하겠다는 의지와는 상관없이 능력이 떨어지거나 성실하지 못한 아이로 낙인찍힐 수 있는 것이다.

그뿐만 아니라 책상에 앉아 있는 시간만큼 성적이 나오지 않으므로 자존감이 떨어져 '공부 못하는 아이'라는 생각을 하며 스스로에게 실망하게 된다. 이런 상태가 지속되면 공부가 아닌 다른 영역에까지 부정적인 영향을 미쳐 소심한 성격으로 굳어질 가능성이 크다.

시험을 볼 때도 문제에 집중하지 못한다. 결국 문제를 잘못 읽어서 틀리거나, 심지어 문제를 다 풀지 않고 제출하기도 한다. 자신이 아는 문제도 계산 도중에 실수로 틀리곤 한다. 수학 과목에서는 연산을 몹시 지루해하고, 연산 문제는 잘 풀어도 서술형처럼 문제 지문이 길어지면 내용 파악이 힘들어 아예 풀기를 포기하기도 한다. 중간에 집중도가 떨어져 문제를 이해하지 못하기 때문이다.

수업 시간에는 다른 생각이 자꾸 나서 수업 내용을 파악하지 못하거나 아예 수업 내용 자체를 기억하지 못하기도 한다. 충동을 제어하지 못해 수업 태도가 불량해지고 수업 도중에 선생님 말씀에 끼어들기 일쑤이다.

과연 내 아이에게 집중력이 있는지 없는지는 어떻게 확인할까? 성인들 중에도 집중력이 떨어져 부산하지만 본인은 잘 모르는 경우가 많다. 일상생활에서 "저 사람은 성격이 급하고 다혈질이지만 뒤끝은 없어"라는 말을 쉽게 한다. 하지만 이것이 바로 산만한 성격의 대표적인 예이다. 부모 중 한쪽, 혹은 가족 가운데 이런 사람이 있다면 아이도 의심해 봐야 한다.

집중력 장애, 즉 산만한 아이는 일반적으로 세 가지 유형이 있다. 첫째, 행동이 산만한 경우로 흔히 과잉 행동이라고 한다. 둘째, 머릿속이 산만한 경우에는 겉으로 멀쩡하지만 멍하거나 소심해 보인다. 셋째, 행동도 산만하고 머릿속도 산만한 경우로 이런 아이는 한눈에 알아볼 수 있다.

아이의 행동이 산만하면 비교적 알아차리기 쉬워 빨리 문제점을 인식하고 해결하고자 한다. 그런데 아이의 머릿속만 산만한 경우는 겉으로 별문제가 없어 보이므로 방치하는 실수를 범한다. 발견 시기가 늦을수록 개선하기가 그만큼 힘들어진다.

그렇다면 아이가 산만해지는 원인은 무엇일까? 딱 꼬집어 어느 한 가지 원인으로만 설명하기는 힘들다. 어떤 이유로 뇌에 손상을 입었기 때문일 수도 있고, 유전적인 요소가 중요한 원인이 되기도 한다.

산만한 아이를 상담해 보면 부모가 산만한 경우도 종종 본다. 부모가 어릴 때 부산하다는 말을 듣고 자랐다면 아이에게 유전적으로 영향을 미쳤을 가능성이 있다는 점을 염두에 둬야 한다. 다만 과거에는 집중력에 문제가 있다고 해도 크게 걱정하는 사회 분위기가 아니었다. 산만했어도 그다지 심각하게 받아들이지 않아서 자신도 모른 채 지나친 경우가 많았다. 그러나 성인이 되고 나서도 쉽게 화내거나, 차례를 기다리지 못하거나, 물건을 자주 잊어버린다면 아직도 집중력에 문제가 있다고 짐작할 수 있다.

그 밖에도 화학조미료로 범벅 된 음식이나 인스턴트 음식, 패스트푸드가 집중력을 떨어뜨릴 수 있으므로 아이가 먹는 음식에 신경 써야 한다. 운동 부족이나 수면 부족도 집중력 저하의 원인이 되기도 한다. 누구나 위험성을 경고하는 것처럼 컴퓨터 게임이나 텔레비전도 아이의 집중력을 방해하며, 지나친 학습도 공부 동기를 저하시켜 아이를 산만하게 만들 우려가 있다.

이처럼 집중력 장애의 원인은 다양하고도 일상적이다. 그러므로 섣불리 단정 짓거나 판단해서는 안 된다. 전문적인 관찰 없이 자가 진단을 통해 원인과 해결책을 찾는 것은 자칫 또 다른 문제를 유발할 수 있다.

❀ Mom Summary

집중력 장애가 의심되는 아이의 행동 특성

- 가만히 앉아 있지 못한다.
- 같이 있으면 정신이 없다.
- 다른 사람의 말을 귀 기울여 듣지 않는다.
- 물건을 잘 잊어버린다.
- 같은 말을 여러 번 해야 알아듣는다.
- 멍하니 딴생각을 한다.
- 참을성이 없다.
- 생각 없이 말하고 행동한다.
- 말이 너무 많다.
- 다른 사람이 말하는데 불쑥 끼어든다.
- 식당에서 뛰어다닌다.
- 갖고 싶은 것이 있으면 억지를 부려서라도 기어이 갖고 만다.
- 지나치게 자기주장만 한다.
- 게임에서 져도 용납하지 못한다.

27 집중력을 기르는 방법에는 무엇이 있나요?

집중력을 유지하면서 지속적으로 공부할 수 있는 시간은 나이에 따라 다르고 개인차도 있다. 그러므로 엄마들이 생각하는 것처럼 아이가 스스로 의지력을 발휘해서 오랜 시간 공부하는 것은 결코 쉬운 일이 아니다. 성인인 엄마조차 마음대로 조절되지 않는 경우가 많다는 점을 감안하면 금방 수긍할 것이다. 아이가 진득하게 앉아 공부하지 못한다고 해서 나무라서는 안 된다.

긴장감은 주의집중력과 매우 밀접한 연관이 있다. 적당한 긴장감은 집중하는 데 많은 도움이 된다. 전혀 긴장하지 않으면 정신이 해이해지고, 지나치게 긴장하면 심리적으로 경직되고 불안해져 정보가 효율적으로 입력되지 못한다.

과도한 긴장감은 아이를 '시험 불안'에 몰아넣기도 한다. 만약 아이가 시험 불안 증세를 호소한다면 부모는 시험 결과에 연연하기보다 공부하는 과정을 칭찬함으로써 심리적인 부담을 덜어줘야 한다. 단 한 번의 시험으로 아이의 실력이 결정되는 것은 아니다. 성적은 다음 공부를 위한 참고 자료로 활용하면 족하다는 사실을 아이에게 잘 설득한다면 시험 불안을 극복할 수 있을 것이다.

반면 긴장감이 너무 없어서 시험에 임할 때 무성의한 아이가 있다. 시험문제에 집중하지 않으니 성적은 당연히 나쁠 수밖에 없다. 이런 아이는 훈련을 통해 집중력을 길러야 한다. 구체적인 방법 몇 가지를 살펴보자.

첫째, 아이와 의논해서 공부 시간과 휴식 시간을 정한 후 반드시 지킬 것을 약속하자. 아이의 체력과 지적 능력을 감안해 현실적으로 공부에 집중할 수 있는 시간을 정한다. 평소 공부를 좋아하지 않는 아이라면 공부할 때 에너지 소모가 훨씬 크기 때문에 자주 휴식을 취해야 한다. 특히 집중력이 많이 떨어진다면 보통 아이들보다 시간 단위를 더 짧게 조절해 계획을 세우는 것이 좋다.

둘째, 아이가 해야 할 일의 순서를 정해 목록으로 만들어준다. 그리고 그 순서 목록을 보기 좋게 정리해 아이의 방문 앞이나 냉장고 등 눈에 잘 띄는 곳에 붙여놓고 아이가 자기 일을 하나씩 마칠 때마다 체크한다. 예를 들어 아이가 자기 방을 정돈할 때는 물건을 놓아둘 자리를 일정하게 정하고 정리 순서를 목록으로 만들어 알려준다. 등교 준비는 '세수하기→아침식사→양치하기→옷 입기→머리 빗기→가방 메기→신발주머니 들기' 순으로 목록화하면 빠뜨리는 일을 방지할 수 있다. 또한 각 목록마다 아이의 사진을 붙여서 확인하게 하는 것도 흥미를 유발하는 좋은 방법이다.

이 같은 방식으로 연습해서 몸에 익히는 것이 가장 중요하다. 중·고등학생이 되면 학습에도 이 방법을 적용할 수 있다. 일 단위, 주 단위, 월 단위 등으로 자신이 공부할 내용을 목록으로 만들어 하나씩 달성해 나가면 효율적으로 공부할 수 있어 성적 관리에 매우 유용하다.

일상생활에서 실천할 수 있는 집중력 강화 훈련법도 있다. 근본적으로 집중하는 시간을 늘리는 데 도움이 된다. 먼저 구체적인 학습 동기가 있으면 공부에 재미를 느끼면서 오래 집중한다. 그리고 공부할 때도 게임하듯 경쟁을 하면 집중하는 데 유리하다. 그룹 스터디도 좋은 방법이다.

또한 아이가 공부하는 장소를 자주 바꾸는 것은 오히려 집중력을 떨어뜨릴 수 있다. 공부방을 정해 안정된 심리 상태에서 공부할 수 있는 환경을 조성해 주면 도움이 된다. 공부방에 유칼립투스, 로즈마리, 파인, 레몬 등 강하면서도 시원한 향을 가진 허브를 놓아주는 것도 좋다. 아로마 향기가 뇌파를 자극해 기억력을 높여준다. 라벤더와 민트도 심리적인 안정에 도움이 된다. 수업이나 공부를 마치고 휴식을 취할 때는 스트레칭으로 몸의 긴장을 풀어주는 것도 좋다.

아이가 아침밥을 거르지 않도록 엄마가 신경 써야 한다. 아침밥을 먹으면 체온이 상승해 두뇌를 각성시키는 효과가 있어 하루 종일 좋은 컨디션으로 공부할 수 있다. 평소 아침밥을 먹는 아이가 문제를 풀 때 실수가 적고 속도도 빨랐다는 사실은 수차례 보고된 바 있다.

졸리거나 나른할 때는 껌을 씹는 것도 괜찮다. 입과 이빨, 그리고 주변 근육이 뇌와 연결되어 저작(咀嚼) 활동이 뇌를 자극한다. 5분간 껌을 씹은 뒤 단기기억력이 높아졌다는 실험 결과도 있다. 쥐를 대상으로 한 실험에서도 이빨이 있는 쥐가 없는 쥐에 비해 인지력이 높았다고 한다.

만일 아이가 비염이나 축농증 증세를 보인다면 조기에 치료해야 한다. 코에 문제가 있으면 산소 공급이 원활하지 못해 수면 부족으로 이어져 아이가 쉽게 피로해하고 집중력도 낮아진다.

아이의 집중력 문제로 상담하러 온 엄마들에게 내가 반드시 조언하는 처방이 있다. 바로 칭찬이다! 엄마의 칭찬만큼 강력한 학습 동기는 없다. 칭찬은 내 아이를 집중하여 공부하게 한다. 엄마의 따뜻한 칭찬이 내 아이의 미래를 바꾼다는 점을 기억하자.

❀ Mom Summary

공부 머리 강화 프로그램

● **루크(LUK)** 독일에서 개발된 두뇌 조깅 프로그램으로 좌뇌, 우뇌, 전두엽, 측두엽, 두정엽, 후두엽 등 뇌의 전체 영역에서 일어나는 활동을 트레이닝하는 데 효과적이다. 특히 유아와 아동의 사고력을 높이는 전문 프로그램으로, 장차 발달 사고력과 고등 사고력의 기반이 되는 기초 사고력을 증진한다. 또한 집중과 몰입을 통해 대뇌의 시냅스를 폭발적으로 증가시키는 데 기여한다.

● **인사이트(Insight)** 미국에서 개발된 인사이트는 게임처럼 즐기다 보면 자연스럽게 기억력이 향상되는 두뇌 훈련 프로그램이다. 세계적인 두뇌과학 연구 기관인 포짓사이언스(PositScience)가 입증한 뇌 훈련법을 적용한 것으로 더 빨리, 그리고 더 정확하게 볼 수 있는 능력을 키워준다. 즉 시각적 주의력·집중력·기억력을 높이고 시야 범위의 확대와 시·지각 처리 속도의 향상을 돕는다.

산만한 아이는 어떻게 가르치나요?

집중력이 나쁜 아이와 집중력이 좋은 아이가 공부하는 방식은 전혀 다르다. 이것은 폐활량이 좋은 아이와 좋지 않은 아이의 운동 방식이 다른 것과 마찬가지이다. 집중력이 약하다고 해서 미리 포기하지 말자. 조금 다른 내 아이를 위해 공부 방법도 다르게 디자인하면 된다.

산만한 아이도 훌륭하게 학습에 적응할 수 있다. 이미 살펴봤지만 아이가 집중하지 못하는 원인은 다양하다. 그러나 지능이 얼마든지 계발될 수 있는 것처럼 집중력도 체계적인 훈련을 통해 충분히 개선할 수 있다. 앞에서 간단히 소개했지만 산만한 아이를 집중시키는 방법에 대해 좀더 구체적으로 살펴보자.

구체적으로 정확하게 짚어줘라

집중력이 부족한 아이는 일반적인 아이들과는 학습 패턴이 다르다. 그러므로 이런 아이의 심리에 대해 미리 교육받아 잘 아는 선생님에게 배우거나 교사 경력이 오래되어 노련한 선생님과 함께 공부하면 도움이 된다. 선생님은 열의가 있어야 하되, 때로는 위엄을 세우고 때로는 부드러워야 한다. 또한 아이를 칭찬하는 방법을 알고 스스로도 인내력이 있는 분이 좋다.

아이와 선생님이 함께 책상에 앉을 때는 서로 마주 앉아서 눈을 마주치며 공부하길 권한다. 아이가 공부에 집중하는지 못하는지 금방 알아차릴 수 있을뿐더러, 아이도 좀더 긴장감을 갖고 노력하기 마련이다. 그러므로 산만한 아이가 공부할 때는 전체 인원이 적을수록 학습 효과 면에서 바람직하다.

선생님은 뭉뚱그려 지시하지 말고 콕콕 짚어 정확하게 표현해 줘야 한다. 예를 들면 같은 의미라도 "열심히 공부하자"보다 "이번 기말고사가 2주 앞으로 다가왔으니까 열심히 공부하자"가 더욱 좋고, "이번 기말고사에서는 꼭 영어 성적을 올리자"가 한층 구체적이다.

일반 학생들은 이 정도의 지시에도 잘 따른다. 그러나 집중력이 유독 부족한 아이에게는 효력이 없다. 심지어 오늘 배운 것을 복습하는데도 잘 따라하지 못하는 경우가 종종 있다. 이런 아이에게는 "지금부터 10분간 영어 단어 10개를 외울 거야. 자, 시작!"처럼 매우 정확하고 구체적으로 지시해야 한다. 이때 여러 단계의 지시를 한꺼번에 하기보다 아이가 실천하기 적절한 단계만 요구하는 것이 바람직하다.

"이 닦고 세수한 다음 수건을 잘 걸어놓고 나와서 아침 먹어." 엄마의 이 말은 벌써 네 단계에 걸쳐 있다. 아이가 이런 지시를 제대로 따르지 못하면 지시 단계를 하나씩 줄여야 한다.

아이에게 성취 경험을 만들어줘라

일반적으로 아이가 과제를 다 끝냈을 때 곧바로 무언가 보상해 주는 것은 별로 바람직하지 않다. 왜냐하면 공부와 보상이 연결되면 공부하는 것 자체가 주는 기쁨을 느끼지 못하기 때문이다. 그러나 집중력이 낮은 아이에게는 직접적인 보상이 도움이 된다.

보상을 해줄 때는 기꺼이 상을 주려는 마음이어야 한다. 아이의 능력에 비해 어려운 과제를 내고 그것을 마쳤을 때야 상을 주는 것이 아니다. 아이에게 적절하거나 약간 쉬운 과제를 내는 것이다. 그렇게 해서 과제를 끝마치는 데 조금 익숙해지기 시작하면 더 큰 상을 주면서 아이의 성취 경험을 높이는 전략을 쓰는 것이 현명하다.

아이가 잘하거나 잘못했을 때 엄마가 보여주는 반응은 아이에게 큰 영향을 미친다. 특히 집중력이 좋지 않은 아이는 구체적으로 어떤 행동을 칭찬한 것인지 명확하게 알려줘야 다음에 또다시 그 행동을 반복한다. 여러 번 말해야만 알아듣는 경우도 있으므로 인내심을 갖고 아이에게 칭찬과 꾸중을 반복해야 한다.

놀이를 통해
집중력을 길러라

　집중력을 관장하는 전두엽은 6세부터 9세까지 빠른 속도로 발달한다. 그러므로 아이가 어릴 때는 가급적 섬세한 손발 동작이 많은 놀이를 하면 좋다. 가령 구슬 꿰기, 인형 옷 입히기, 프라모델 조립하기, 색연필로 색칠하기, 글라스데코, 나무토막을 하나씩 빼는 젠가, 양손으로 가위바위보 하기(항상 오른손이 이기게 한다) 등이 집중력 발달에 효과적이다.

　청각을 통해서도 집중력을 기를 수 있는데 대표적인 청각집중력 놀이 중에는 '코코코 놀이'가 있다. 태어나서 돌이 지날 무렵부터 엄마나 할머니가 가르쳐주는 아기용 놀이인데, 다들 알겠지만 간단히 설명하자면 "코코코코……" 하다가 술래가 갑자기 "입!"이라고 말하면서 입이 아닌 귀나 눈을 가리키면 이기는 놀이이다. 눈에 보이는 행동이 아니라 말소리를 듣고 따라해야 하기 때문에 청각집중력을 자극한다. 잘 아는 '청기백기 놀이'도 청각집중력에 좋은 놀이이다. 충동적인 아이들은 이런 놀이를 잘 못하는데 반복하다 보면 점차 익숙해진다.

　시각집중력에 좋은 놀이로는 '숨은 그림 찾기'나 '다른 그림 찾기'가 있다. 또한 들판에서 네잎클로버를 찾는 행위도 시각집중력을 높이는 데 도움이 된다.

　이처럼 감각을 이용한 섬세한 활동은 모두 집중력을 발달시킨다. 요즘 조기교육 열풍으로 아이가 동작성 지능을 키울 기회를 갖지 못하는데 결과적으로는 학습에도 도움이 되지 않는다. 특히 초등 저학년 때까지는 책 읽기와 손발 동작이 포함된 활동을 균형 있게 병행하는 것이 매우 중요하다.

다만 장난감으로 놀 때는 한 번에 한 가지만 갖도록 하자. 아이는 성인과 달리 멀티태스킹에 능하지 못하다. 동시에 여러 장난감을 갖고 놀면 자칫 산만해질 수 있다. 또한 아이가 무언가에 집중해서 놀고 있으면 도중에 방해하지 말고, 그림 그리기나 블록 쌓기 같은 작업을 집중해서 잘 마쳤을 때는 "잘했다, 멋지다"라고 칭찬하는 엄마의 센스를 보여주면 좋겠다.

집중력을 높이는 공간과 신체를 만들어라

흥미로운 사실 하나, 아이들은 공부할 때 손해 보는 것 같다고 느낀다. 특히 엄마가 나이 어린 동생과 함께 거실에서 텔레비전을 본다든지 드라마에 빠져 있으면 "나만 왜 재미없는 공부를 해야 해?" 하며 억울해한다. 그러므로 아이가 공부를 할 때는 가급적 집중할 수 있는 환경을 만들어주자. 숙제나 공부를 하는 아이 옆에서 엄마도 조용히 책을 읽으면 아이가 훨씬 즐겁게 집중한다.

평소 아이의 책상 위와 주변은 아이가 공부하기 좋도록 잘 정리해 둔다. 교과서나 문제집들 사이에 장난감이 뒤섞여 있거나 침대가 바로 시야에 들어오는 배치도 집중력을 방해한다. 책상의 높이에 알맞게 의자 높이를 조절해 주고 조명에도 신경 쓰자.

거듭 강조하지만 아침밥은 건강관리뿐 아니라 집중력 향상에도 매우 중요한 요소이다. 집중력은 뇌와 밀접한 관련이 있다. 그런데 사람의 뇌는 포도당을 주요 에너지원으로 사용한다. 포도당이 대뇌의 신경전달물질에 영향을 줘서 뇌를 활성화한다.

덴마크 국립직업보건연구소는 10세 초등학생 100명을 대상으로 아침식사와 학습 능력의 상관관계를 연구했다. 그 결과 아침밥을 먹는 학생이 문제를 풀 때 실수가 적고 속도도 빨랐다.

아침식사는 체온을 상승시켜 뇌의 온도를 높여주기 때문에 뇌를 각성시킨다. 그런데 식사 후 뇌가 각성되기까지는 2시간 정도 걸리므로 아침에 일찍 일어나 간단한 운동을 한 후 식사할 수 있다면 최선이다. 그뿐만 아니라 아침식사를 함께하는 집안 분위기에는 정서적인 안정감이 깃들어 아이가 공부에 훨씬 더 집중할 수 있다.

✿ Mom Summary

산만한 아이를 위한 맞춤형 솔루션

- 공부 시간을 짧게 여러 번으로 나눈다.
- 즉각적으로 보상한다.
- 소수 정예반 수업이 좋고 일대일 수업이 가장 바람직하다.
- 주변 환경을 단순하게 정리해 준다.
- 학습할 때 원칙을 세워 공부한다.
- 전문가의 도움을 받아 적절한 학습 계획을 세운다.
- 아이에게 지시할 때는 명확하고 구체적으로 표현한다.

타고난 머리를 뛰어넘는 초등 공부 프로젝트

우리 아이 어떻게 가르쳐야 하나요? | 머리 좋은 아이, 어떻게 공부할까요? | 머리가 보통인 아이, 어떻게 공부할까요? | 머리 나쁜 아이, 어떻게 공부할까요? | 머리도 좋고 성적도 높으면 어떻게 공부할까요? | 머리는 좋은데 성적이 낮으면 어떻게 공부할까요? | 머리가 나쁜데 성적은 높으면 어떻게 공부할까요? | 머리도 나쁘고 성적도 낮으면 어떻게 공부할까요? | 영재교육은 왜 필요하죠? | 내 아이가 정말 영재일까요? | 영재가 되도록 가르칠 수도 있나요?

29 우리 아이 어떻게 가르쳐야 하나요?

"하루 공부 시간은 어느 정도가 적당하나요?"
"국어는 몇 학년부터 가르치는 것이 좋을까요?"
"수학 선행학습은 어느 정도 해야 하나요?"
"지능을 계발하려면 무엇을 어떻게 해야 하죠?"

지금까지 나는 수많은 학부모를 만났고 무수한 질문을 들었다. 절박한 표정으로 묻는 모든 의문에 대한 내 대답은 사실 단 하나뿐이다. 이미 앞에서 단언했듯이 아이마다 다 다르다!

복제 인간이 아닌 한 사람들은 제각기 다르다. 지능도 성격도 다르고, 장단점뿐 아니라 재능도 환경도 전부 다르다. 이렇게 말하면 고개를 갸웃거리면서 "그럼 도대체 어떻게 하라는 말이야?"라고 반문할 것이다.

사실 내가 날마다 학부모들을 상담하는 일은 '아이마다 다르다'에 대한 구체적인 대답을 주는 것이다.

우선 가장 중요한 지능의 측면에서부터 살펴보자. 지능을 자산이라고 본다면, 현재 자산이 많은 아이도 있고 적은 아이도 있기 마련이다. 자산의 양에 따라 사업 계획이 달라지듯 지능에 따라 학습 계획도 다르게 세워야 한다.

옷을 살 때 이 옷이 나한테 잘 어울리는지 살펴보는 것보다 먼저 생각해야 하는 것은 수중에 돈이 얼마나 있는가이다. 아무리 나에게 잘 어울리는 옷이 눈앞에 있어도 액수가 넘친다면 마음을 접어야 한다.

공부도 마찬가지이다. 어떤 엄마는 "우리 아이는 마음이 따뜻하고 개구리 해부를 좋아해요. 어른이 되면 아픈 사람을 치료하는 의사가 되고 싶다네요"라고 웃으면서 "의대를 가려면 어떻게 해야 하죠?"라고 묻는다.

그런데 대답은 전혀 다른 방향으로 나온다. 의대에 진학하려면 수학은 물론 영어와 국어도 능해야 한다. 다시 말해 의대생은 머리도 좋고 학교 공부를 잘하는 아이들이다. 마음이 따뜻한 것과는 전혀 상관없다는 뜻이다. 물론 성격이 착한데 성적까지 우수하다면 의사든 변호사든 아이가 하고 싶은 대로 다 해도 괜찮다.

꿈을 이루기 위해 적성보다 중요한 것이 능력이다. 그리고 아이의 공부 머리는 학습 계획을 세우는 데 매우 중요한 요소이다. 그러므로 초등학교에서는 아이의 능력에 맞는 공부, 그리고 공부 머리가 좋아지는 학습을 해야 한다.

현재 머리가 좋다고 앞으로도 계속 좋으리라는 보장은 없다. 마찬가지로 현재 머리가 좋지 않다고 해서 앞으로도 계속 나쁘리라고 미리 단정해서도 안 된다. 현재 자산 상태는 일정 기간 노력해서 변화하는 손익계산서와 같다고 생각하면 이해하기 쉬울 것이다.

4장에서는 아이의 공부 머리와 성적, 그리고 IQ의 유형에 따라 필요한 공부 전략에 대해 자세히 알아보자.

30 머리 좋은 아이, 어떻게 공부할까요?

IQ가 높은 아이는 모든 영역에서 인지 능력, 처리 능력, 주의집중력이 좋기 때문에 쉽게 문제에 접근하고 해결한다. 난이도 있는 과제를 줘도 또래 아이들에 비해 수행 능력이 뛰어나다. 그러므로 이런 특징을 고려하여 학습 계획을 세워야 한다.

IQ가 높은 아이는 어릴 때부터 선행학습을 시켜도 무리 없이 따라오는 경우가 많으므로 선행학습과 더불어 심화학습을 병행할 것을 추천한다. 선행학습의 진행 속도는 아이의 적응 정도를 확인하면서 수시로 조정하는 것이 좋다. 심화학습의 경우 시험을 보지 않으면 별 의미가 없다. 목표를 위한 공부가 아이의 실력을 늘게 하기 때문이다.

스티브 잡스도 선행학습에 관해 의미심장한 말을 남겼다. 그는 초등

4학년 때 지능검사를 했는데 고등학교 2학년 정도의 수준이었다고 한다. 그래서 선행학습을 하면서 공부했는데 돌이켜보니 아주 잘한 선택이었다고 고백했다. 덕분에 지적 호기심이 충족되어 공부에 끊임없이 흥미를 느꼈고, 그 결과 애플사가 존재할 수 있었다는 것이다.

한국과 달리 미국 학교는 월반을 통해 선행학습이 이루어진다. 그런데 이것은 그다지 바람직한 방식이 아닌 것 같다. 자기보다 발육이 빨라 덩치 큰 아이들과 한 반에서 공부하면 자신도 모르게 위축되고 적응하는 데 문제가 생길 수 있다.

선행학습은 IQ가 서로 비슷한 아이들을 모아서 속진하는 것이 가장 좋은 방법이다. 자신보다 머리가 좋은 아이들도 열심히 공부하는 모습을 보면서 긍정적인 자극을 받아 선의의 경쟁을 한다는 장점도 있다. 서로 긍정적인 목표 의식을 공유하기 때문에 동기부여 면에서 상승작용을 하게 된다.

특히 인성 면에서 긍정적인 영향을 받는다. 학교에서 자기보다 수준이 낮은 아이들과 공부했을 때 가졌던 우월감이 자신과 비슷하거나 더 뛰어난 아이를 만나서 겸손한 태도로 바뀌기 때문이다.

선행 정도는 IQ에 따라 달라지겠지만 아이가 따라갈 수 있다고 판단되면 진도를 멈추지 말고 계속 나가는 것이 좋다. 다소 어려운 문제를 풀게 함으로써 공부 머리를 자극할 필요가 있다.

수학 선행학습의 경우가 특히 그러하다. 머리가 좋다는 것은 자신보다 나이 많은 아이들이 이해하는 내용을 이해하는 능력을 지니고 있다는 뜻이므로 그런 아이에게 수학 선행학습은 지능의 단계를 상승시킬 뿐 아니라 지적인 호기심을 충족시키는 방편이 되어준다. 선행학습을 통해 지속적으로 새로운 개념을 배움으로써 공부가 지루해질 틈이 없음도 경험하게 된다. 아이는 새로운 개념을 공부하면서 때로는 좌절하고 때로는 극복하면서 지적으로 성숙해진다.

다만 이때 수학 선행학습의 진도가 고학년으로 올라갈수록 지나치게 심화되어 있는 문제들이 실린 교재보다, 주로 개념과 원리를 다루는 보편적인 교재를 선택하는 것이 바람직하다. 나는 초등 과정은 『최상위 수학』을, 중등 과정은 『개념원리』를, 고등 과정은 『수학의 정석』을 주요 교재로 추천한다.

그리고 엄마들은 아이가 어릴수록 자신도 선생님 역할을 맡아 아이의 재능을 일깨울 수 있다고 생각한다. 그것은 모든 아이들에게 들어맞지는 않는다. 평범한 아이에게는 엄마와 함께하는 시간이 심리적인 안정감을 주고 애착을 형성해서 긍정적인 효과도 기대할 수 있지만, 엄마의 지능을 뛰어넘는 영재아에게는 그렇지 않다. 영재들은 엄마가 가르치기보다는 전문적인 선생님이 가르치는 것이 좋다.

31 머리가 보통인 아이, 어떻게 공부할까요?

보통의 IQ를 가진 아이는 강점과 약점 지능이 분명하게 드러나는 경우가 많다. 그러므로 강점 지능과 연계된 과목의 공부는 IQ 높은 아이가 했던 방법과 마찬가지로 선행학습과 심화학습을 병행하는 것이 좋다. 하지만 약점 지능과 연관된 과목의 공부를 같은 방법으로 진행하면 아이가 부담감에 사로잡혀 두 마리 토끼를 모두 놓치고 만다.

IQ가 보통이라면 두 가지 방법을 권하고 싶다. 약점 지능을 강화하는 훈련을 하고 나서 선행학습과 심화학습을 병행하는 방법과, 선행학습의 개념 잡기와 자기 학년의 심화학습 중 하나의 과정을 끝낸 후 다음 과정을 진행하는 방법이다. 이때 중간중간 휴식 시간을 적절히 배치하는 것도 중요하다. 초등 저학년일수록 오랜 시간 집중력을 발휘하기는 힘들기 때문이다.

또한 경시학원이나 지나치게 어려운 커리큘럼을 다루는 논술학원, 선행학습 위주 학원들의 상술에 휘둘리지 않는 것도 중요하다. '국제중학교 합격! 민사고 합격!' 하며 학원에서 내세우는 광고에 연연하여 아이의 능력에 비해 과도한 학습을 시키다 보면 오히려 역효과가 나타나므로 주의해야 한다.

IQ가 보통인 아이는 약점 지능을 꾸준히 발전시키면서 공부 동기를 가질 수 있도록 돕고, 학습법 세미나에 참여해 공부의 효율성, 인내력, 목표 의식 등을 향상시키는 것이 우선이다. IQ는 오로지 가능성이지, IQ가 높다고 해서 반드시 좋은 성적을 얻는 것은 아니다. 그보다는 공부법이나 강한 동기가 좋은 결과를 내는 데 더 중요한 변수이다.

국제중학교를 다니는 영재 수준의 아이와 IQ 95인 평범한 아이를 비교해서 테스트해 본 적이 있다. 20개의 암기 내용을 주고 2분간 외우게 했더니 영재 수준의 아이는 15개를, 평범한 아이는 9개를 외웠다. 그런 다음 평범한 아이에게 비슷한 유형의 내용끼리 분류하고 모아서 외우는 '범주화 암기법'을 1시간 정도 훈련시킨 후 다른 암기 내용을 다시 20개 주었더니 결과는 놀라웠다. 영재 수준의 아이가 16개를 맞히고, 평범한 아이도 15개나 맞혔다. 단지 공부법을 익혔을 뿐인데 영재와 비슷한 결과를 얻은 것이다.

아이는 학습의 개선 효과를 경험하면 '나도 하면 되는구나'라는 긍정적인 성취감을 맛본 후 보다 적극적으로 공부하게 된다. 그렇게 해서 학습량이 증가하면 이것이 지능 계발로 연결되어 선순환이 이어진다.

아이들은 대부분 '공부하는 법' 자체를 배운 적이 없어서 정말로 비효율적으로 공부하곤 한다. 수업을 듣는 법, 필기하는 법, 암기하는 법, 시험을 잘 보는 법 등 효율적인 학습법을 배우면 아이의 지능을 보완하여 시간을 별로 투입하지 않아도 높은 성과를 얻을 수 있다. 아이가 초등 4학년 이상이라면 최대의 효과를 발휘하게 해주는 학습법도 적극적으로 배워야 한다.

나는 EBS와 함께 아이들에게 공부하는 이유와 방법을 알려주는 자기주도학습 프로그램(공부원리 1.0)을 운영하고 있다. 방학 중에는 2박3일 캠프를 통해 아이들이 스스로 동기부여하고 공부법을 배우는 프로그램(공부원리 3.0)도 진행한다. 꽤 좋은 결과를 얻었는데, 초등 1~3학년에게는 아직 이르다. 공부라는 길에서 지능이 그 길을 두 발로 완주하게 도와주는 기본 체력이라면 학습법은 그 길을 좀더 쉽고 빠르게 완주하도록 도와주는 자전거인 셈이다.

32
머리 나쁜 아이, 어떻게 공부할까요?

　　　　　　　IQ가 낮은 아이는 기본적인 학교 공부를 충실히 수행하는 것만으로 충분하다. 무리하게 선행학습과 심화학습을 강행하다 보면 오히려 공부 시간을 두려워하거나 싫어하게 될 가능성이 크다.

　이런 경우에는 부모와 선생님이 아이에 대해 많은 이야기를 나눈 다음 아이의 능력에 맞는 공부의 양, 수준, 시간을 결정하는 것이 현명하다. 자기 학년에 해당하는 진도로 교과 성적을 올리는 것을 공부 목표로 정하고, 그 목표를 이루어 성취감을 맛볼 수 있도록 도와줘야 한다. 이 때 목표 범위를 좁게 잡되, 첫번째 목표를 달성한 이후에도 다시 약간만 높인 두 번째 목표를 향해 매진하여 반드시 이루는 방식으로 세 번째,

네 번째…… 점차적으로 높은 단계의 목표를 세워 성취하기를 여러 번 반복하는 것이 관건이다.

공부 방법을 완전히 바꾸는 것도 도움이 된다. 공부란 어렵고 지루한 것이라는 아이의 인식을 바꿔야 한다. 교과서 중심이 아닌 놀이 형태로 학습하면 공부에 대한 인식이 완전히 달라질 수 있다. 예를 들어 책 읽기를 싫어하는 아이를 위해 엄마가 국어 교과서를 녹음해서 들려주며 흥미를 유발하는 방법은 어떨까? 어린이 학습 뮤지컬 등을 관람하고 집으로 돌아와 관련 지식을 확인하는 것도 도움이 될 것이다.

무엇보다 IQ가 낮은 아이는 학습의 기초가 제대로 구축되지 않았을 가능성이 높다. 다른 아이들에 비해 익히는 속도가 더딘데 학교는 진도를 무시할 수 없으므로 기초 실력이 약한 아이들을 일일이 신경 쓰지 못한다. 기초 실력을 제대로 갖춰야 다음 단계로 나아갈 수 있으므로 아이의 기초 공부 실력을 냉정하게 파악하는 것이 선행돼야 한다.

아이가 스스로 학습 동기를 구체적으로 세우면 성적 향상을 기대할 수 있다. 자기 수준에 맞는 공부를 하는 과정에서 긍정적인 성취를 경험하면 공부에 대한 의지와 욕심이 생겨 하루가 다르게 발전하는 성과가 나타날 것이다.

현대 과학은 많은 성과를 이루었고, 이는 지능에 관해서도 예외적이지 않다. 질병의 원인을 발견했다면 그 치료법도 개발되는 것과 마찬가지로, 아이가 어떤 영역에 다소 취약해도 아이의 지능에 관한 정확하고 객관적인 진단을 통해 그 원인이 무엇인지 파악한다면 충분히 계발하여 좋은 성과를 얻을 수 있다. 특히 초등학교 때는 중·고등학교 때보다 시간적인 여유가 있으므로 방과 후 시간표를 조정하기 용이하다. 아이에게 투입되는 과목의 양과 질을 조절함으로써 현재 지능보다 높은 수준의 지능을 성취할 수 있다.

머리도 좋고 성적도 높으면 어떻게 공부할까요?

공부 머리가 비상하고 성적도 높은 엄친아는 자신의 인지 능력에 따라 학습 성과가 잘 나타난다. 이런 경우에 부모가 신경 써줘야 할 것은 동기이다. 어릴 때는 공부가 재미있었더라도 고등학생이 되어 대학 입시라는 커다란 관문에 봉착하면 중압감을 느껴 공부에 흥미를 잃기 쉽다. 또한 사춘기와 함께 찾아오는 슬럼프는 IQ 높은 아이라고 해서 비켜 가지 않는다.

물론 IQ가 높고 초등학교 성적이 좋았던 아이는 중학교에 들어가서도 공부량에 비해 성적을 유지하기 쉽다. 그런데 자기가 공부한 양에 비해 성적이 잘 나온다는 느낌이 드는 순간, 아이는 공부의 필요성에 의문을 갖는다.

특히 외적인 동기가 없으면 심지어 방황하기도 한다. 그동안 내적인 동기로 즐겁게 공부했지만 더 이상 공부가 재미없게 느껴지고 막상 눈에 보이는 목표가 없으니 마음이 흔들릴 수밖에 없다. 사실 외적인 동기보다 내적인 동기가 더 본질적이고 중요한데도 내적인 동기와 외적인 동기가 균형을 이루지 못하면 공부 의지는 쉽게 흔들린다.

실제로 초등학생 때 늘 1등을 독차지했고, 4학년 때는 2년간 해외 어학연수를 다녀왔으며, 중학생이 돼서도 반에서 1~2등을 하던 아이가 있었다. 이 엄친아는 엄마의 자랑이자 주변에서는 부러움의 대상이었다. 리더십까지 겸비해 회장도 여러 번 맡았고 키도 큰 데다 운동까지 잘하는, 말 그대로 완벽한 아이였다.

이 아이가 변하기 시작한 것은 중학교 2학년 겨울 무렵부터였다. 슬금슬금 공부를 덜하기 시작하더니 엄마 몰래 학원을 빠지고, 급기야 학교에 가지 않겠다고 우겨댔다. 너무 놀란 부모가 왜 그러냐고 물으면 매번 이유가 달랐다. 어떤 때는 몸이 아프다고 했고, 또 어떤 때는 유학할 때와 비교하며 학교 공부가 재미없다고 했다. 달래기도 하고 혼내기도 했지만 아이는 달라지지 않았다.

당연히 아이의 성적은 가을 낙엽처럼 뚝뚝 떨어졌다. 결국 아이는 고등학교 2학년 때 학교를 그만뒀다. 지금은 홈스쿨링을 하고 있지만 부모가 간절히 바라던 명문대 진학은 머나먼 꿈이 되고 말았다.

아이가 방황하는 가장 큰 이유는 공부에 전념할 만한 동기를 찾지 못한다는 것이었다. 아이는 머리가 좋으니 웬만한 말은 척척 받아치며 자신만의 논리를 폈다. 머리가 클 대로 큰 상태라 부모의 설득도 전문가의 조언도 귀 기울여 듣지 않았다. 부모는 이제 아이가 나쁜 길로 빠지지 않기만을 기도한다고 했다.

학령기의 학습 동기는 아이가 지루하고 힘든 공부 과정을 이겨내고 자신이 바라는 모습으로 살게 하는 강력한 원동력이 되어준다. 머리 좋은 아이에게는 더욱 그렇다.

공부 머리가 좋고 공부를 잘하는 아이들은 학교생활 자체는 즐거울지 몰라도 수업을 따분하게 생각할 가능성이 크다. 쉽게 말해 '수준이 안 맞는' 것이다. 학교에는 다양한 아이가 밀집해 있다. IQ도 성적도 성격도 천차만별이다. 이 공간에서 상위권에 속하는 아이들은 학교 공부를 지루하게 느낄 수밖에 없다. 교과 진도에만 맞춰 공부하다 보면 지적인 자극을 덜 받게 되어 점차 공부에 대한 흥미를 잃어간다.

이런 사태를 미리 방지하기 위해서는 수준이 비슷한 아이들과의 스터디를 통해 지적인 자극을 꾸준히 제공할 필요가 있다. 학년에 상관없이 비슷한 인지 능력을 가진 아이들을 모아놓으면 그동안 무뎌졌던 경쟁심이 솟구치고 빠른 속도로 진행되는 수업에 쾌감을 느껴 자극을 받는다. 아이의 참여도에 따라 선행학습과 심화학습 정도를 조율할 수 있다는 장점도 있다.

선행학습의 경우에는 수학 선행에 초점을 맞추는 것이 좋다. IQ 130 이상인 초등학생은 3개월에 1년 과정을 소화하는 인지 능력이 있다고 판단하는데, 다소 무리한 속도 같지만 어떤 아이는 불과 2개월 만에 해내기도 한다.

짧은 시간에 선행 진도를 나가다 보면 심화 과정을 깊게 다루지 못한다고 우려하지만, 일단 선행학습을 통해 빠르게 개념을 한 번 정리한 후 심화 과정을 공부하는 것이 오랜 기간을 두고 심화 과정까지 병행하는 선행학습보다 더욱 효과적이다.

34 머리는 좋은데 성적이 낮으면 어떻게 공부할까요?

머리가 좋은데 공부를 못하는 것은 한마디로 집중력이 약해서이다. 집중력이 떨어지면 자신이 아는 문제를 실수로 틀리거나 그냥 건너뛰기도 한다. 이런 아이는 집중력 강화 훈련을 진행하는 것만으로도 성적이 향상된다.

집중력이 낮다는 것은 평상시 불필요한 감각기관이 사방으로 열려 있다는 뜻이기도 하다. 눈으로는 책을 보면서도 귀는 주변의 다른 소리를 듣고 있다. 예를 들면 공부를 하다가도 "엄마, 밖에 누가 온 것 같아", "엄마, 물 끓는다. 주전자 내리세요" 하는 식으로 온갖 간섭을 다 한다.

IQ가 높은데도 성적이 낮은 경우에는 아이가 잠재 능력을 발휘할 수 있도록 공부 환경을 조성해 줘야 한다. 분명히 학습 성과로 이어질 수 있는 잠재 능력을 지니고 있기 때문이다. 예를 들면 동기를 찾지 못하거나, 메타인지 능력이 부족하거나, 끈기가 약한 성격상 쉽게 포기하기 때문에 뚜렷한 성과가 나타나지 않을 수 있다. 아니면 인터넷이나 게임에 빠져 있을지도 모른다.

그 원인은 매우 다양하고 복합적이므로 아이의 상태를 정확히 파악하는 것이 중요하다. 전문 기관에서 여러 가지 검사를 받아보길 권한다. 그리고 문제점이 밝혀졌을 때는 그에 알맞은 처방에 따라 하루빨리 해결해야 한다. 문제를 방치하면 학년이 올라갈수록 아이의 성적이 급격하게 떨어질 가능성이 크기 때문이다.

아이의 공부를 방해하는 요소를 제거했다면 이제 전략에 따라 공부하자. 이런 유형의 아이는 예습보다 복습을 충실히 하는 것이 좋다. 왜냐하면 기본적인 인지 능력이 뛰어나 새로운 지식을 쉽게 받아들여도 자기 것으로 만드는 데 소홀하기 때문에 성적으로 연결되지 않는 것이다.

일명 완전 학습은 '입력(예습 포함)→복습→점검'의 3단계를 거친다. 그런데 이것을 체험하기 가장 좋은 환경이 바로 학교이다. 학교는 일정 분량만큼 진도를 나가고, 숙제를 통해 수업 시간에 배운 내용을 익힐 수 있는 시간을 제공하고, 정기적인 시험으로 아이의 수준을 평가한다.

수업 시간에 주의를 기울여 집중하는 것만으로도 새롭게 전달받은 지식을 최대한 입력할 수 있다. 선생님이 숙제를 내주는 것은 복습의 의미인 만큼 친구들의 공책을 베끼거나 '떼운다'는 식으로 무성의하게 수용하지만 않으면 배운 내용을 기억하고 체계화하는 데 절반은 성공할 수 있다. 숙제의 중요성을 이해하고 자발적이고 능동적으로 숙제한다면 더 바랄 것이 없겠지만 말이다.

  마지막으로 시험은 약간의 긴장감을 갖고 임할 때 성적이 좋게 나온다. 너무 자만하거나 지나치게 긴장하지 않도록 평소에 마인드 컨트롤을 훈련하는 것도 도움이 된다. 자기 기록을 갱신하는 운동선수들의 인터뷰에서도 '긴장 효과'를 자주 확인한다.

35
머리가 나쁜데 성적은 높으면 어떻게 공부할까요?

IQ가 낮은데도 성적이 높은 것은 인지 능력 이외에 아이의 다른 요인들이 잘 자리 잡혀 있기 때문이다. 학교 성적은 동기, 노력, 끈기, 계획성 등 여러 요인들에 의해 좌우되므로 인지 능력이 미치는 영향을 충분히 보완할 수 있다.

하지만 중·고등학교에 올라가 높은 수준의 사고력을 요구하는 문제를 접하게 되면 아이가 힘들어할 수 있다. 아이가 좋은 학습 습관을 꾸준히 유지할 수 있도록 세심하게 주의해야 한다.

이런 아이에게는 다수를 위한 수업보다 소규모 수업이 효과적이다. 적은 인원으로 수업을 받으면 선생님이 아이의 반응을 쉽게 파악할 수 있어 아이가 난해하게 느끼는 내용을 즉각적으로 짚어주고 틀리게 이해하는 내용을 교정해 줄 수 있다. 또한 새롭게 듣는 정보를 재빨리 수용하는 편이 아니라 자기 의지로 노력해서 높은 성적을 관리해 왔기 때문에 자세한 설명을 듣고 여러 차례 반복하는 학습법이 유리하다. 선행학습보다 심화학습이 더 적합하다고 하겠다.

이런 유형의 아이들은 상위권 성적을 유지하기 위해 스스로 매우 노력한다. 적극적인 학습 의지와 성실한 태도 덕분에 선생님들 사이에 평가도 좋다. 모범생으로 인정받고 싶어 하는 욕심이 크고 자존감이 강하다. 그래서 남 앞에서 실수하거나 모른다는 사실을 인정하기 싫어하는 경향이 있다.

이 같은 아이의 감정적인 부분까지 잘 다룰 줄 아는 전문가의 도움을 받으면 아이가 마음을 다치는 일 없이 서두르지 않고 자신의 학습 패턴을 지켜갈 수 있다.

사실 크게 성공한 사람들 중에는 타고난 천재보다 스스로 많은 노력과 철저한 관리를 통해 성공을 이룬 경우가 훨씬 많다. 어느 연구 보고에 따르면, 성공에 필요한 IQ는 110이면 충분하다고 한다. 좌절했을 때 오뚝이처럼 다시 일어나는 회복 탄력성, 매사에 긍정적으로 임하는 태도, 규칙적으로 생활하는 자기관리, 주위 사람들에게 좋은 평가를 받을 만큼 원만한 인간관계 등이 성공에는 더욱 주효하다.

머리가 좋다는 것은 단지 다른 사람들보다 조금 일찍 배울 수 있고 조금 빨리 외울 수 있다는 것을 의미할 뿐이다. 오히려 스스로를 잘 통제하는 아이들이 대학 입시든 사회에 진출해서든 더욱 큰 성공을 이룰 수 있다. 열심히 노력하려는 아이를 계속 응원해 주자!

36
머리도 나쁘고 성적도 낮으면 어떻게 공부할까요?

　　　　　　　IQ가 낮고 성적도 낮은 아이는 학교 교과과정을 따라가는 것을 최우선 목표로 삼아야 한다. 심화학습이나 선행학습은 오히려 아이에게 과도한 부담으로 작용할 수 있기 때문에 1차 목표는 성적을 올리는 것이다. 아이가 그 과정에서 성취감을 느끼면 공부할 때 긍정적인 경험으로 기억된다. 아이가 목표한 대로 성적이 오르면 'IQ는 낮은데 성적이 높은 아이'의 공부 전략으로 수정하여 향상된 성적을 유지할 뿐 아니라 더 높은 성적을 목표로 한다.

　기억할 것은 아이 스스로 공부를 통해 '나도 할 수 있다'는 자신감을 느끼게 해주는 시점은 초등학생 때가 가장 적당하다는 사실이다. 고등학생이 되면 여간해서 단기간에 성적을 올리기 힘들기 때문이다.

자녀가 이런 유형의 아이라면 인지 능력 이외에 학습에 영향을 미치는 다른 요소들을 바로잡아주는 일이 시급하다. 우선 현재 학교에서 나가는 진도에 따라 복습을 철저히 한다. 학교에서 돌아오면 어떤 단원을 공부했는지 체크하고, 숙제도 반드시 하는 습관을 들이도록 훈련한다. 특히 시험 기간에는 범위에 속하는 단원을 적어도 세 번씩은 반복해서 공부하고 시험에 임할 수 있도록 준비해야 한다. 이런 아이에게는 예습도 중요하다. 전반적인 이해력과 어휘력이 부족하므로 다음 날 배울 단원의 주요 어휘와 개념들을 미리 훑어봐야 수업 내용을 제대로 알아들을 수 있다.

　특히 수학을 공부할 때 이런 문제가 더 자주 발생하는 편이다. 대학 입시를 치르는 고등학생들 중 실제로 수학을 포기하다시피 하는 학생이 80퍼센트에 이른다. 아이의 문제를 개선하기 위해 최선을 다해 노력했는데도 별다른 성과가 없다면 과감하게 수학을 포기하는 대신 국어와 영어, 그리고 대학 입시에서 수학을 전혀 평가하지 않는 예체능으로 관심을 돌리라고 권한다. 모두가 수학을 극복할 필요는 없을뿐더러 극복할 수도 없다면 자신이 잘하는 과목에 매진하는 것이 더욱 현명한 솔루션이다. 행복하지 않은 선택을 해서는 안 된다.

　또한 엄마가 염두에 둬야 할 것은 다른 아이들의 학습 패턴에 신경 쓰지 말아야 한다는 점이다. 워낙 엄마들 사이에 말들이 많이 오가다 보니 중심을 잡기가 쉽지 않다. 자칫 방심해서 아이에게 부담을 주기 시작하면 아이와의 관계마저 다치기 쉽다. 내 아이에게 맞는 수준과 속도로 공부하는 길이 성적 관리에도 인성 발달에도 최선책임을 명심해야 한다.

상담을 하다 보면 정반대인 성향 탓에 엄마와 아이의 잦은 갈등이 아이의 성적에까지 영향을 미치는 경우를 어렵지 않게 목격한다. 이럴 때는 전문가에게 아이의 공부를 맡기고, 엄마는 아이와의 관계 회복에만 신경 쓰는 것이 모두에게 좋다.

하지만 아이가 스스로 공부에 흥미를 보이고 어떤 공부를 하고 싶다고 구체적으로 말한다면 적극 지원해 줘야 한다. 다만 아이가 따라가기 버거운 수준의 진도를 잡지 않도록 주의하고 시간을 넉넉하게 들여 여유를 갖게 하는 것이 올바른 방법이다.

37
영재교육은 왜 필요하죠?

"이제 겨우 두 돌을 넘긴 아이가 저렇게 또렷한 발음으로 '아빠'라고 하는 건 분명 예삿일이 아니야."

"어머, 세 살짜리가 어떻게 피카소보다 그림을 더 잘 그릴 수 있지? 내가 아무래도 천재 화가를 낳았나 봐."

엄마라면 단 한 사람도 예외 없이 행복한 기대에 부풀었던 경험이 있을 것이다. 엄마들의 장밋빛 꿈은 대체로 아이가 유치원에 들어가서 옆 동에 사는 꽃님이도, 위층에 사는 달님이도 우리 집의 똘똘이와 별반 다르지 않다는 사실을 알게 되면서부터 차츰 깨진다. 엄밀히 말하면 현실이 똑바로 보이는 것이다.

유아기 아이들은 부모의 눈에 너나없이 세상에서 제일 예쁘고 가장 똑똑해 보인다. 따지고 보면 종족을 보존하기 위해 제 새끼가 귀여워 보이는 호르몬이 작용하기 때문일 것이다.

그런데 간혹 초등학교에 들어가고 중학교에 진학해도 여전히 놀라운 천재성을 보이는 아이도 분명히 존재한다. 우리가 언론이나 텔레비전에서 가끔 접하는 영재가 그런 아이들이다. 과연 영재는 머리가 얼마나 좋을까?

웩슬러 지능검사 결과를 살펴보면 IQ는 비교 집단의 평균에 해당하는 경우를 100으로 정하고 130이면 상위 2퍼센트 정도로 영재아, 70 이하이면 하위 2퍼센트 정도로 지체아로 분류한다. 한국 영재교육진흥법에 따르면 "① 일반 지능, ② 특수 학문 적성, ③ 창의적 사고 능력, ④ 예술적 재능, ⑤ 신체적 재능, ⑥ 그 밖의 특별한 재능 중 어느 하나가 뛰어나거나 잠재력이 우수한 사람 중 해당 교육기관의 교육 영역 및 목적 등에 적합하다고 인정하는 사람"을 '영재교육 대상자'로 선발한다고 정의한다.

영재를 분류하는 까닭은 학교교육의 편의성 때문이다. 보통 학교교육은 전체에서 평균인 아이들을 기준으로 교과과정을 만들어 진행한다. 그런데 평균과 떨어져 있는 양극단의 아이들 가운데에는 영재보다 학습부진아의 능력을 향상시키는 데 더욱 적극적인 노력을 기울인다.

현재로서는 영재교육을, 영재원이나 영재교육 프로그램을 진행하는 소수의 학원에 맡긴 상태임을 부인할 수 없다. 이런 문제에 대해 게리 A. 데이비스와 실비아 B. 림의 『영재교육』에서는 '침묵의 소리'라는 표현으로 영재에 대한 사회의 실망스러운 반응을 소개한 바 있다. 선진국조차 영재의 권리나 육성을 위한 기금 조성, 관련 법률 제정 등이 미미한 상태로, 대다수의 사람들이 영재교육 프로그램을 '부자들을 위한 복지'라는 시각으로 바라보는 실정이다.

한국도 마찬가지여서 학습 부진아보다 오히려 영재가 현재 교육 시스템에 적응하기 힘들어한다. 영재의 기준에서 보자면 학교 수업은 지나치게 쉬운 내용을 가르치기 때문에 학습 동기를 갖고 공부 의욕을 느끼기 힘들다. 영재를 둔 부모는 내 아이가 비슷한 친구들 속에서 행복하게 살아갈 길을 모색해 주고 싶게 마련이다. 이때 한번쯤 기웃거리게 되는 곳이 영재교육원이다. 물론 개중에는 아이가 지극히 평범한데도 영재로 만들고 싶어 영재원을 찾는 부모들도 있긴 하다.

현재 우리나라 영재교육기관은 네 종류가 있다. 대상은 초등 3~4학년생부터 중학교 1~2학년생까지이다. 선발 시기가 각각 다르기 때문에 신청할 때 잘 알아봐야 한다.

●**대학 부설 영재교육원** 대학 부설 영재교육원은 대학교 내 연구실을 교실로 사용하기 때문에 아이가 수준 높은 교구재를 접할 수 있다는 장점이 있다. 또한 전공 분야의 대학교수나 연구진에게 배우기 때문에 특화된 교육이 가능하다. 보통 학기 중에는 주1회 수업이 이루어지며 방학 중에는 영재 캠프를 실시한다.

●**교육청 영재교육원** 교육청 영재교육원은 전국 각 지역의 교육청에서 수업이 이루어진다. 대학 부설 영재교육원과 마찬가지로 주1회 수업을 하고, 방학 중에 운영하는 영재 캠프도 마련되어 있다. 특히 창의사고력

프로그램을 운영한다는 점과 현직 교사들이 지도한다는 점이 특징이다.

◐ 학교에서 운영하는 영재 학급 영재 학급은 학교의 담당 교사가 맡아 보통 주1회 수업을 한다. 아이를 학교 내에서 지속적으로 관찰할 수 있기 때문에 아이의 영재성이 어떤 속도로 발전하는지, 지적인 요인 외에 비지적인 요인이 아이에게 어떻게 작용하는지 등 아이에 관한 세부적인 사항들을 좀더 자세히 알아볼 수 있다는 장점이 있다. 영재 학급도 방학 중 영재 캠프를 실시한다.

◐ 전일제 영재교육원 전일제 영재교육원도 주1회 수업을 한다는 점에서는 다른 곳과 동일하지만 수업 시간이 길다는 차별점이 있다. 보통 영재교육원이 2시간 수업을 진행하는 데 반해 전일제 영재교육원은 6시간 정도 수업한다. 이외에도 연간 10시간 동안 영어 교육과 발명 수업을 함께 진행한다는 특징이 있다. 발명 수업은 아이의 창의력을 계발하기 위한 프로그램이다.

이렇듯 영재교육기관이 아예 없는 것은 아니지만 많은 영재아들이 효율적으로 참여하기에는 역부족이다. 부모가 일찍 영재성을 인지한 행운아들을 제외하고는 영재라 하더라도 자기 재능을 계발할 길이 별로 없다. 어린 나이의 아이가 스스로 알아서 재능을 계발하기란 사실상 불가능하기 때문이다. 그러므로 정부가 적극적으로 나서서 영재아를 효과적으로 교육할 수 있는 정책을 수립해야 한다.

이것은 비단 머리가 유난히 좋은 몇몇 소수의 아이들을 위한 투자가 아니다. 이것은 한국 사회가 얼마나 젊고 역동적인 사회인가를 판가름하는 중요한 문제이다. 사회의 역동성은 계층 간의 이동이 비교적 자유로운 상태를 의미한다. 이런 사회가 돼야 하는 까닭은 건강한 사회의 척도이기 때문이다. 쉽게 말해 부자 부모가 없어도 우수한 머리를 가졌다면 그에 상응하는 적절한 교육을 통해 사회가 필요로 하는 사람으로 성장할 수 있어야 한다는 뜻이다.

요즘은 우리 부모나 우리 세대가 어릴 적 자주 쓰던 말인 "개천에서 용 났다"는 표현이 사라졌다. 더 이상 그런 일은 일어나지 않기 때문이다. 이 시대의 용은 소위 '강남3구'로 일컬어지는 부촌에 살면서 대치동 학원에 다닌 아이들 가운데에서 나온다. 흔히 엄마들 사이에 SKY로 불리는 국내 최고의 명문대 입학 정원의 절반 가까이를 이들이 차지한다는 뉴스는 더 이상 놀랍지도 않다.

우리 아이들은 이런 시대에 공부하며 살고 있다. 이대로라면 교육을 통해 계층 간의 이동은 고사하고 노력에 따라 성공이 좌우되는 사회와는 점점 더 멀어질 것이다. 사회 역동성이 떨어지는 나라가 되면 100여 년 전 신분제 사회와 마찬가지로 부모가 가난하면 자식도 가난하게 사는, 희망 없는 대물림이 이어질 수밖에 없다. 이것은 우리보다 사회 역동성이 적은 미국, 일본, 유럽 등에서 이미 오래전부터 벌어진 문제이다. 공교육이 영재를 소외한다는 것은 한 개인이 안타깝게 성공의 기회를 놓치는 일에 그치지 않고 사회적으로 다수의 훌륭한 인재들을 잃는 절망이 아닐 수 없다.

38
내 아이가 정말 영재일까요?

과연 영재란 어떤 아이일까? 영재에게는 일반적으로 여섯 가지 특징이 나타난다.

첫째, IQ가 높다. 1장에서도 말했듯이 IQ가 높으면 어휘력, 기억력, 공간지각력, 추론력, 문제 해결 능력이 뛰어나고 사회 현상을 잘 이해하며 눈치가 빠르고 연산에 능하다. 자기 재능을 잘 발휘해서 어디서든 무슨 일을 수행하든 두각을 드러낸다.

둘째, 학교 성적이 우수하다. 영재는 이해력이 좋기 때문에 수업을 잘 따라가고, 과제의 난이도가 자기 능력에 비해 결코 높은 수준이 아니므로 쉽게 해낸다. 일단 자기 것으로 만든 정보를 끄집어내어 활용하는 데 별다른 어려움을 느끼지 않으므로 시험을 볼 때도 전혀 긴장하지 않고 당연히 그 결과도 만족스럽다.

영재들 옆에는 항상 이것저것 물어보는 아이들이 많다. 단순히 아는 것이 많아서가 아니라 수업 내용의 핵심 개념을 잘 이해하는 만큼 알아듣기 쉽고 명쾌하게 설명해 주기 때문이다.

셋째, 영재는 종종 지적인 능력뿐 아니라 비지적인 능력 면에서도 뛰어나다. 초등학생이 되어 수업을 듣다 보면 예체능 활동을 하게 되는데, 이때 아이가 가진 창의성이 자유롭게 발현되기 마련이다. 영재는 남다른 재능을 보이는 경우가 많고, 특히 체육보다는 음악과 미술 등 예술 분야에서 두각을 나타내곤 한다.

넷째, 또래 아이들에 비해 수준 높은 동기를 갖고 있다. 동기는 공부뿐 아니라 자신을 둘러싼 환경에 대한 호기심으로 나타난다. 그 때문에 관심 있는 분야에 적극적으로 도전하고 성공하기 위해 최선을 다한다. 낯선 것을 시도하는 만큼 곧잘 실패하기도 하지만, 그 결과를 흔쾌히 인정하고 자신에게 부족한 부분을 채워줄 수 있는 사람에게 도움을 구한다. 이런 태도는 성인에게도 매우 중요한 삶의 자세인데, 영재는 어려서부터 감각적으로 이것을 아는 것이다.

다섯째, 머리 회전이 빠르다. 인지 능력이 매우 높아 사회에 대한 적응 속도도 빠르다. 덕분에 '여우 같다'는 평가를 종종 듣는다. 나이가 들수록 남의 말을 잘 받아치는데, 때로는 어른들조차 말싸움에서 이겨낼 재간이 없다. 그래서 간혹 어른의 입장에서는 아이가 얄미울 수 있다. 영재는 비논리적이고 불명확한 사고를 인정하지 않기 때문에 아이를 가르치기도 까다롭다. 그러므로 아이가 신뢰할 수 있는 전문적인 선생님에게 배우는 것이 효과적이다.

다만 머리가 좋다고 해서 삶의 지혜까지 갖춘 것은 아니다. 그런데 의사 결정을 할 때 지나치게 아이의 의견을 물으면 부모를 무시하려들 수 있다. 아이가 영재성이 있어 매사에 똑똑하더라도 부모의 권위를 유지하는 것은 매우 중요하다. 자칫하면 아이다운 시간을 영재라는 이유로 빼앗길 수 있기 때문이다. 영재도 '머리 좋은 아이'에 불과하다는 사실을 명심하자.

여섯째, 영재는 가치와 도덕적인 문제에 상당히 민감하다. 프랑스 교육학자 장 피아제에 따르면, 발달이 빠를수록 자기중심적인 사고를 적게 하는 경향이 있다. 영재는 다른 사람의 권리와 의무, 그리고 사회문제에 접근하는 시기가 빠르기 때문이라는 것이다. 그래선지 영재들을 만나면 유독 뉴스나 신문에서 본 사건에 대해 묻는 일이 많았다. 특히 사회적으로 물의를 일으킨 부정적인 내용의 기사에 대해 비판적인 시각으로 많이 이야기하고, 선생님이나 다른 아이들에게 자기 관점을 강하게 설득하려 했다. 또한 영재들 중에는 학급 임원을 맡는 아이도 많다. 책임감이 강하고 판단이 빨라 친구들의 신뢰를 얻기 때문인 듯하다.

영재의 특징을 알았으니 이제 내 아이가 영재인지 아닌지 확인할 일이 남았다. 영재를 판단하는 방법은 다양하게 존재하는데 가장 일반적인 기준은 IQ 지능검사이다. 그러나 선행학습을 시작하는 시점이 갈수록 어려지는 탓에 아이의 순수한 잠재 능력을 평가하기 곤란해졌다. 최근에는 과거부터 해오던 지필 평가 방식보다 관찰과 추천 방식으로 바뀌는 추세이다.

이때 평가 근거로 제시되는 자료에는 수업 중에 아이에게서 보이는 참신한 아이디어나 아이가 제출하는 과제의 수준과 질, 교내 경시·경연 대회, 아이의 특별활동 양상이나 산출물, 외부 영재교육 참가 경력, 집이나 사회에서 개인적으로 하는 활동이나 산출물 등이 있다.

추천을 할 때는 교사, 부모, 동급생, 자기 지명 등의 방법이 이용된다. 동급생이 지명하는 경우 교사와 부모가 미처 발견하지 못한 아이의 영재성을 찾는 데 도움이 된다. 다만 또래 친구들은 대개 성적이 좋은 아이를 무조건 영재라고 생각하는 경향이 있으므로 다른 추천에 비해 신뢰도가 떨어지는 한계가 있다. 자기 지명의 경우에는 자신의 능력에 대해 스스로 내리는 평가 위주로 자기보고서를 작성한다. 그 밖에도 관심 분야나 그와 관련해 지금까지 이뤄온 성취들, 앞으로의 학습 계획 등을 함께 기록한다. 다만 전문가들은 고등학생 이상에서 사용할 것을 권장한다.

4장 마지막에 부모·교사용 영재 진단 검사지를 첨부했으니 참고하면 좋겠다.

39
영재가 되도록 가르칠 수도 있나요?

영재가 보여주는 '뛰어남'은 반드시 타고나는 것만은 아니다. 저서 『재능은 어떻게 단련되는가』에서 제프 콜빈 박사가 끊임없이 주장하는 바와 같이 영재성은 '신중하게 계획된 연습'을 통해 계발되기도 하는 복합적인 능력이다. 하지만 여기서 중요한 것은 어떤 분야든 위대한 성취를 이뤄낸 사람들은 하나같이 영광된 자리에 오르기까지 몇십 년이 걸렸다는 사실이다.

볼프강 아마데우스 모차르트나 파블로 피카소 같은 천재도 예외가 아니다. 언뜻 봐서는 궁정음악가의 아들로 태어나 세 살 때부터 피아노를 친 모차르트나, 어려서부터 미술 교사인 아버지에게서 자연스럽게 그림을 배운 피카소는 예외일 것 같지만, 그들 역시 최고가 되기 위해 누구도 따라하지 못할 열정으로 혼신의 노력을 기울였다.

우리는 이것을 '10년의 법칙', 혹은 '1만 시간의 법칙'이라고 부른다. 그냥 재미로 하는 말이 절대 아니다. 체스 선수들에 관한 유명한 연구로 노벨상을 수상한 허버트 사이먼과 윌리엄 체이스가 오랜 시간 연구한 끝에 도출해 낸 과학적인 실험 결과이다.

1만 시간의 법칙이란 하루에 3시간씩 10년을 체계적으로 연습하면 약 1만 시간이 되는데, 그 정도의 체계적인 노력이 반복되면 누구나 천재가 될 수 있다는 것이다. 사실 선천적으로 타고난 천재는 없다. 천재성은 아주 오랜 훈련의 대가인 경우가 많다.

재미있는 점은 천재들은 대부분 자신의 천재성보다 노력에 대해 피력하는 데 반해, 일반인들은 천재의 노력에 대해서는 말하지 않고 천재성을 타고났다고 단정해 버린다. 1만 시간의 법칙은 모든 분야에 적용된다. 그러므로 미리 포기하지 말고 당장 시작해 보자. 내 아이의 내부에 잠자는 재능이 천재성으로 탈바꿈할 기회는 언제든 열려 있다.

따라서 영재성 있는 아이에게 조기교육은 매우 중요하다. 이런 의미에서 보면 한국 엄마들의 지나치다 싶은 교육열이 한국을 IT 강국, 스포츠 강국으로 만드는 초석을 이룬 측면도 무시할 수 없을 것 같다. 물론 영재교육이 낳은 부작용도 있다. 영재가 아닌 아이들에게 너무 일찍부터 무리한 영재교육을 강요해 학습 의욕을 떨어뜨리고 결과적으로 공부와 멀어지게 하고 말았다.

하지만 나는 재능을 가진 사람도 1만 시간을 투자해야 빛을 발할 수 있다면 일찌감치 영재교육을 시작하는 것이 좋다고 생각한다. 실제 비율로 따져도 부모가 지속적으로 관찰해 아이의 영재성을 판단한 것이 검사를 통해 나타나는 결과와 비슷한 경우가 많다.

아이의 영재성은 조기에 발견돼야 한다. 그런 다음 영재성을 강화하기 위해 적극적으로 지원하고 강한 동기를 부여해 주는 것이 무엇보다 중요하다. 이것은 중학생 영재 394명을 대상으로 실험한 결과만 봐도 알 수 있다. 이 실험에서 부모가 수학과 과학 과목의 중요성을 강조하는 것이 아이의 성적에 긍정적인 영향을 미친다는 결론이 나왔다.

하지만 이때도 부모가 주의해야 할 점이 있다. 아이에 대한 기대가 지나쳐 항상 최고라는 둥 완벽하다는 둥 칭찬만 하는 것은 오히려 아이에게 스트레스로 쌓일 수 있다는 것이다. 언제나 최고이고 완벽해야 한다는 심리는 시험을 치는 등 아이가 긴장 상태일 때 불안 요소로 작용하기 때문이다. 과유불급! 이것만 기억한다면 사랑하는 내 아이를 영재로도 만들 수 있다. 물론 억지로 밀어붙여 오히려 아이를 힘들게 하지 않을 만큼의 현명함을 갖춘 부모에게 해당하는 이야기이다.

Mom Summary

영재 진단 검사 (교사용·부모용)

( ) 초등학교 ( ) 학년 ( ) 반 이름: 의 선생님 또는 부모님

안녕하십니까?
본 질문지는 학생의 영재성을 확인하기 위하여 제작된 것입니다. 따라서 학생의 강점을 선생님이나 부모님이 어떻게 지각하고 있는지를 중점적으로 질문하고 있습니다. 본 질문지의 모든 문항에 빠짐없이 답해 주시면, 학생의 영재성을 찾는 데 큰 도움이 될 것입니다. 즉 학생의 상태에 대한 선생님이나 부모님의 주관적인 파악에 대한 문항이 대부분입니다.

● 다음 문항들은 선생님 또는 부모님이 평상시 학생 또는 자녀를 어떻게 생각하는지 그 관계를 알아보기 위한 것입니다.

● 아동의 능력 수준을 비추어서 평균을 중심으로 평균 이하면 1·2점에, 평균이라고 생각하면 3·4·5 점에, 평균 이상이면 6·7점에 표시하되 점수 차이를 고려해 표시하여야 합니다.

	평균 이하	평균	평균 이상
(보기) 나는 무슨 일이든 새롭게 해보려고 한다.	1 2	3 4 ⑤	6 7

이 예는 아동의 능력을 평균보다는 높으나 아주 높게 보지 않은 예입니다. 보기와 같이 7개의 응답 중에서 선생님 또는 부모님이 생각하는 응답을 하나 골라 해당하는 숫자 위에 O표를 하십시오.

일반 지능	평균 이하			평균			평균 이상
(1) 대답을 조리 있게 잘하며 어려운 개념을 쉽게 이해한다.	1	2	3	4	5	6	7
(2) 계산을 쉽고 빠르게 한다. 수학 시간을 좋아한다.	1	2	3	4	5	6	7
(3) 지시에 따른 정확한 일처리 능력을 가지고 있다.	1	2	3	4	5	6	7
(4) 사물을 분해하고 그것을 다시 조립하기를 좋아한다.	1	2	3	4	5	6	7
(5) 지도, 그림, 도표를 본문보다 빨리 읽는다.	1	2	3	4	5	6	7
(6) 심사숙고하며 문제를 직관적으로 이해한다.	1	2	3	4	5	6	7
(7) 사실을 자세하게 회상하는 뛰어난 기억력을 가졌다.	1	2	3	4	5	6	7
(8) 논리적으로 추론하여 그럴듯하게 결론을 내린다. 인과관계 추론이 정확하다.	1	2	3	4	5	6	7

학문 적성	평균 이하			평균			평균 이상
(1) 학습 관련 과제를 정확하게 완수한다	1	2	3	4	5	6	7
(2) 도움을 받지 않아도 학습을 끝까지 할 수 있다.	1	2	3	4	5	6	7
(3) 복잡한 자료라도 쉽게 이해한다. (레고, 블록, 과학 상자 포함)	1	2	3	4	5	6	7
(4) 지도를 거의 받지 않아도 학습 내용을 쉽게 이해한다.	1	2	3	4	5	6	7
(5) 시험 점수가 매우 좋다.	1	2	3	4	5	6	7
(6) 읽기, 쓰기, 수학 능력이 매우 좋다.	1	2	3	4	5	6	7
(7) 하나 이상의 학업 영역에서 심화 지식을 갖고 있으며, 이를 확인한 적이 있다.	1	2	3	4	5	6	7
(8) 현재 발생한 일이나 사태의 기반 지식을 잘 설명한다.	1	2	3	4	5	6	7

예술적 재능	평균 이하			평균			평균 이상
⑴ 작품들(음악, 미술 등)의 차이를 쉽게 알 수 있다.	1	2	3	4	5	6	7
⑵ 보다 나은 예능 기법 또는 예술적 수행을 나타낸다.	1	2	3	4	5	6	7
⑶ 예능 영역에서 입상 등을 하여 아동의 예능 기법이 인정된다.	1	2	3	4	5	6	7
⑷ 리듬, 멜로디, 미술 기법 등의 적소 적용을 위하여 노력한다.	1	2	3	4	5	6	7
⑸ 완성도 높은 정성의 투입	1	2	3	4	5	6	7
⑹ 다른 과목에 비해 예능 과목에 장시간 시간을 할애할 수 있다.	1	2	3	4	5	6	7
⑺ 예능 작업에서 효과적으로 감성을 표현한다.	1	2	3	4	5	6	7
⑻ 예술작품에 대한 창의적인 의사소통이 가능하다.	1	2	3	4	5	6	7

신체적 재능	평균 이하			평균			평균 이상
⑴ 하나 이상의 운동에 뛰어나다.	1	2	3	4	5	6	7
⑵ 한곳에 오래 머물러 있을 때 움직이거나 잡아당기거나 발을 가볍게 치는 등 잠시도 가만있지 못하고 안절부절못한다.	1	2	3	4	5	6	7
⑶ 다른 사람의 몸짓이나 특징을 잘 흉내 낸다.	1	2	3	4	5	6	7
⑷ 사물을 분해하고 그것을 다시 조립하기를 좋아한다.	1	2	3	4	5	6	7
⑸ 진흙이나 기타 촉각적 경험을 좋아한다.	1	2	3	4	5	6	7
⑹ 나의 몸을 잘 조절할 수 있다고 생각한다.	1	2	3	4	5	6	7
⑺ 운동경기를 관람하는 것보다 직접 운동을 하는 것을 좋아한다.	1	2	3	4	5	6	7
⑻ 반 대항 경기에서 대표 선수로 항상 발탁이 된다.	1	2	3	4	5	6	7

이 자료는 2006년에 박춘성 교수가 만든 영재성 평정(評定) 척도이다. 이것은 영재성의 법적 정의에 근거해 일반 지능, 학문 적성, 예술적 재능, 신체적 재능, 창의성, 동기 특성을 평가할 수 있도록 설계된 것이 특징이다. 본문에서 언급한 영재의 특성과도 잘 맞물리는 척도이므로 수록했다.

초등 아이를 위한 맞춤형 학습 전략 로드맵

초등학생, 어떻게 공부할까요? | 국어는 어떻게 공부할까요? | 영어는 어떻게 공부할까요? | 수학은 어떻게 공부할까요? | 수학, 선행할까 심화할까? | 연산과 사고력, 어느 것이 더 중요할까? | 독서교육은 어떻게 할까요? | 자기주도학습이란 무엇인가요? | 예습, 복습하는 방법을 몰라요 | 조기유학, 반드시 필요할까요? | 돈만 드는 사교육, 어떻게 활용할까요?

내 아이만을 위한
맞춤형 학년별·과목별 학습법이
아이를 행복하게 공부하도록 도와준다.
옆집 우등생 비법에 혹하는
엄마의 팔랑귀는 아이를 망친다.

40 초등학생, 어떻게 공부할까요?

초등학교 공부법은 저학년과 고학년으로 구분해서 생각해야 한다. 수준도 방법도 목적도 엄연히 다르기 때문이다.

초등 저학년 시기에 가장 중요한 것은 다양한 자극이다. 이때 IQ 검사를 통해 아이의 강점과 약점을 파악하고 그 결과에 따라 효과적으로 자극을 주면 좋다. 다양한 자극을 받으면서 아이의 지능은 골고루 발달하고 머리가 좋아질 수 있기 때문이다. 여기서 알아둬야 할 것은 항상 약한 부분은 부드러운 자극을, 강한 부분은 강력한 자극을 줘야 한다는 사실이다.

다채로운 경험을 하도록 이끌되 모두를 다 잘할 것이라고 바라서는 안 된다. 다양한 자극을 제공한 뒤 아이가 특별히 좋아하고 남다르게 잘하는 분야가 무엇인지 찾는 것이 목적이다. 선생님 말에만 의존하지 말고 아이가 수업하는 현장을 직접 지켜보면 아이의 강점과 약점을 파악하는 데 도움이 된다.

보통 아이들은 15점 만점을 기준으로 영어 7점, 수학 3점, 국어 2점, 기타(음악, 미술, 체육 등) 3점 정도로 학습 프로그램을 짜는 것이 가장 이상적이다. 이때 아이의 체력을 고려해 스케줄을 안배해야 한다. 아이들은 엄마의 칭찬을 기대하고 자기 체력 이상으로 노력하려는 경향이 있다. 엄마의 과욕이 내 아이를 속으로 앓게 하는 것은 아닌지 늘 경계하고 세심하게 관찰해야 한다. 체력적으로도 정신적으로도 허약한데 학습량만 늘어나면 4학년이 됐을 때 이미 지쳐버려 학습 부진아가 될 수 있다. "몸도 튼튼, 마음도 튼튼, 성적은 쑥쑥!" 다시 한 번 강조한다.

또한 '기타' 중에서 한 분야를 6개월 이상 지속할 필요는 없다. 아이를 음악가나 운동선수같이 전문 인력으로 만들 생각이 아닌 한 예체능 능력을 전체적으로 고르게 발달시키는 것이 목적이기 때문이다. 중·고등학생이 되면 공부 말고 뭔가를 배우고 싶어도 시간이 나지 않아 포기해야 한다. 어려서 다양한 경험을 익히면 정신적인 자산으로 남아 훗날 문화적으로 풍요로운 삶을 일굴 가능성이 높다.

간혹 아이가 아무것도 안 하고 가만히 있는 시간을 못 견디는 엄마들이 있다. 아이에게 이 시간은 반드시 필요한 시간이라는 사실을 이해하지 못한 탓이다. 아무것도 안 하는 듯 보이는 이때 아이의 공부 머리는 한 단계 더 발전하기 위한 재충전을 하는 중이다.

초등 저학년은 공부 못지않게 사회화 과정을 배우는 시기이다. 본격적으로 공동체 생활을 시작하는 만큼 학교나 학원에서 아이가 다른 친구들과 잘 어울리는지, 소외되지는 않는지 면밀히 관찰하는 것도 중요하다. 일반적으로 선생님들은 문제가 생기길 바라지 않기 때문에 다 괜찮다고 하므로 그 말을 그대로 믿어서는 안 되고 눈으로 직접 확인해야 한다.

초등 4학년이 되면 학습 계획을 국어·영어·수학 중심으로 배치하고, 5학년 말에서 6학년 초쯤 되면 슬슬 중학교에 진학할 준비를 해야 한다. 초등학교와 중학교의 가장 큰 차이점은 모든 과목의 어휘가 갑자기 어려워진다는 것이다. 또한 공부 분량도 급격하게 늘어날뿐더러 시험의 변별력을 위해 문제의 난이도를 높이거나 함정까지 파놓아 시험에서 만점을 받기 어려워진다. 초등 고학년 때는 과목별 어휘력을 늘리기 위해 노력해야 한다.

초등 4학년 때 국어, 영어, 수학의 기초를 잘 다져놓은 후에는 5학년 말이나 6학년 초부터 이과에 갈 아이는 과학을, 문과에 갈 아이는 경제학 관련 공부를 시작하는 것이 좋다. 이과에 갈 아이들 가운데 머리 좋은 아이는 물리나 화학 중 자신에게 더 흥미로운 과목을 공부하는데 처음부터 고등학교 수준의 교재를 선택한다. 과학고나 영재고 입시를 준비한다면 물리와 화학을 동시에 공부한다.

국어, 영어, 수학은 교과 내용이 단계별로 어려워지기 때문에 처음부터 고난도 교재로 공부하는 것이 불가능하지만 과학이나 사회 같은 과목들은 자세한 교재로 공부할수록 빨리 이해되기 때문에 처음부터 고등학교 교재를 활용해도 무방하다. 그러나 국어, 영어, 수학 실력이 채 다져지지도 않았는데 다른 아이들을 따라 그렇게 공부하는 것은 바람직하지 않다.

방학을 활용하는 것도 아주 중요하다. 챔피언은 링 위에서 결정되는 것이 아니라 링 밖에서 결정된다. 링 위에서는 단지 인정을 받는 것이다. 학생에게는 방학이 링 밖이므로 방학을 어떻게 보내느냐에 따라 다음 학기의 학교생활 만족도가 달라진다.

방학 때는 오전과 저녁 시간에 주요 과목을 위주로 공부하는 것이 가장 좋고(오전의 공부량을 가장 많이 할당해 수학 위주로 공부하고, 저녁 시간에는 영어를 공부하는 것이 효과적이다), 낮에는 놀거나 독서 활동으로 긴장을 풀며 최대한 쉴 수 있도록 배려하자. 학기 중에 못 했던 체험학습도 충분히 경험하게 하자. 공부 머리가 우수한 아이라면 가능한 한 선행학습 진도를 많이 나가는 것도 좋다.

평소에 아이의 잠이 부족하다고 방학 동안 늦게까지 푹 재우는 경우가 있는데 이것은 바람직하지 않다. 최소한 8~9시간을 재우고 싶다면 아침에 늦게 깨울 것이 아니라 밤에 일찍 자도록 해야 한다. 왜냐하면 방학 중에 늦잠 자는 습관이 들면 개학을 한 뒤 다음 학기에도 한 달 넘도록 오전 시간에 졸려서 수업을 망칠 수 있다.

나는 초등학생 자녀를 둔 부모와 상담할 때마다 "아이가 고등학교에 가서 상위 5퍼센트 안에 들 것 같으세요?"라고 묻는다. 절반이 그렇다고 대답한다. 중학생 학부모는 30퍼센트 정도가 고개를 끄덕인다. 그러나 아이가 고등학생으로 직면하는 현실은 좌절이다. 정확하게 5퍼센트만이 상위 5퍼센트에 든다. 왜 그럴까?

저학년일수록 부모는 아이에 대해 과대 포장하는 경향이 있다. 그런데 냉정하게 따져보자. 한 반의 정원이 30명인 학급에서 1등을 하면 3.3퍼센트이다. 그 성적으로는 SKY에 들어갈 수 없다. 하지만 반에서 1등을 하는 아이의 엄마는 의심할 여지없이 아이가 SKY에 입학할 수 있다고 생각한다. 2등, 3등은 더 말해 무엇하겠는가.

내가 냉정하게 말하는 까닭은 초등학생일지라도 아이의 능력을 객관적으로 파악해야 한다는 사실을 강조하고 싶어서이다.

41
국어는 어떻게 공부할까요?

　　　　　　　　　　　　　　　　미국은 국가 공인의 렉사일 지수(Lexile Score)를 아동 도서에 표시하도록 규정해 놓았다. 렉사일 지수는 아동의 독서 레벨로 해당 어휘와 문장 수준이 정해져 있어 작가들도 그에 맞춰 어린이용 책을 집필한다. 하지만 한국의 아동 도서는 그렇지 않아 간혹 아이가 알기 어려운 어휘나 이해하기 힘든 문장들도 포함되곤 한다. 이 책을 읽힌 다음에는 어떤 책을 읽혀야 아이의 수준을 차근차근 높여갈 수 있을지 난감하다.

　그런데 단돈 1,500원밖에 안 하는 교과서에는 초등학생이 모국어와 관련해 배워야 할 지식이 모두 들어 있다. 그것도 거의 완벽에 가깝게 학년 수준에 맞도록 차곡차곡 체계화되어 있는 멋진 학습서이다. 학년

별로 국어 교과서만 잘 읽어도 해당 나이에 알아야 할 거의 모든 어휘와 문장을 읽을 수 있다. 그래서 나는 거듭 국어 교과서를 예찬한다. 아이의 언어 능력과 사고력을 높이는 교재로 국어 교과서만 한 것이 없기 때문이다.

교과서를 중심으로 자습서나 참고서를 병행해 공부하면 국어 공부는 걱정 없을 것이다. 특히 개정된 교과서는 어휘력, 사고력, 창의력 등 이 시기의 학생들에게 요구되는 모든 능력을 키울 수 있게 구성되어 있다. 초등 1학년부터 고등학교 3학년까지 합쳐봐야 스물네 권밖에 안 되는 국어 교과서를 줄기로 삼고 독서를 곁가지나 이파리로 여긴다면 언어 능력과 감수성이 동시에 풍성한 나무를 얻을 수 있을 것이다.

국어 공부를 하면 또 하나 좋은 점은 굳이 학원에 다니지 않고도 엄마와 같이 공부할 수 있다는 것이다. 엄마가 언어를 가르치는 것은 아주 자연스러운 일이다. 사실 수학, 영어 같은 과목들은 엄마가 가르치기 어렵다. 특히 수학의 경우 아이의 답이 틀렸을 때 엄마는 대뜸 화부터 나기 때문에 효율적으로 가르치기가 여간해서는 힘들다. 하지만 국어 공부를 하면서 아이가 엉뚱한 답을 골라도 엄마는 좀처럼 화내지 않는다.

신기하게도 엄마들은 아이가 말을 배울 때부터 어눌하고 틀리게 말해도 웃으며 쿨하게 반응한다. 언어에 대해서는 관대한 것이다. 그러므로 엄마도 훌륭한 국어 선생님 역할을 맡을 수 있다. 물론 언어에서는 수학과 달리 정답이 없어서이기도 하겠지만.

엄마가 국어를 가르칠 때도 가장 좋은 학습서는 바로 국어 교과서이다. 국어 교과서에는 아이가 읽어야 할 책부터 논술이나 토론 교육까지 포함되어 있다. 교과서의 맨 뒤에는 스티커가 붙어 있어 재미난 액티비티(Activity) 활동도 할 수 있다. 학교에서 시간상 미처 다하지 못한 것들을 엄마와 같이하면서 즐겁게 공부할 수 있는 것이다. 초등 1학년부터 고등학교까지 국어 교과서를 전부 구입해서 아이 방의 책꽂이에 꽂아주면 좋겠다.

국어 교과서의 또 다른 장점은 아이의 편독을 막아준다는 데 있다. 교과서는 동화, 시, 소설, 전기문, 논설문, 설명문 등 모든 장르의 글을 포함하고 있으며, 단계적으로 난이도를 높여 체계적으로 정리해 놓았다.

국어를 공부하는 방법에 대해 구체적으로 이야기하겠다. 우선 전과와 참고서에 나와 있는 문제를 되도록 전부 풀고, 시는 기억력 증진을 위해서도 좋으니 꼼꼼하게 외운다. 또한 영문법 못지않게 국문법이 중요하다. 국어는 유창성보다 정교성이 훨씬 중요하기 때문에 정확한 철자법과 문법 하나하나도 소홀하면 안 된다. 아이가 지루해할 수 있지만 반복해서 익혀야 한다. 어휘는 뜻을 외운 뒤 짧은 글짓기를 통해 용례를 파악하면 도움이 된다. 만약 초등학생이 국어 선행학습을 하고 싶다면 중학생용 EBS 교재를 이용하는 것이 좋다.

국어 교과서로 공부하면 덤으로 한자까지 배울 수 있다. 그런데 반드시 국어사전을 옆에 두고 공부해야 한다고 말하는 엄마들이 있다. 참으로 답답한 소리이다. 전과와 참고서에 단어의 뜻이 자세히 나와 있는데 다시 국어사전을 들추라고 하면 아이는 국어 공부가 귀찮아질 수 있다. 사소한 부분을 신경 쓰다가 본질적인 부분까지 놓쳐서는 안 될 것이다. 국어사전은 구비해 주되 책을 읽을 때 아이가 모르는 단어를 찾아보는

용도로 이용하게 하는 것이 좋다.

  많은 학부모가 국어, 영어, 수학의 비중을 잘못 이해한다. 초등학교 때는 영어, 중학교 때는 수학, 고등학교 때는 국어가 가장 중요하지만, 실제로 좋은 대학에 가려면 영어와 수학 외에 국어가 매우 중요하게 작용한다는 사실을 절대 간과해서는 안 된다. 영어와 수학에만 몰두할 것이 아니라 초등학교 시절부터 국어 실력을 다져놓으면 훗날 대학 입시를 준비할 때 유리한 고지를 점령할 수 있다. 결코 어려운 일이 아니다. 일주일에 하루만 시간을 내어 국어에 투자하는 것만으로도 충분히 실력을 키울 수 있으니 꼭 실천해 보길 바란다.

42 영어는 어떻게 공부할까요?

나이가 어릴수록 언어에 대한 편견과 두려움이 적다고들 하지만, 영어는 아이에게도 일상적으로 쓰는 국어와 달리 낯설고 신기한 말이다. 영어를 낯설게 받아들이기보다 신기하게 바라보고 호기심을 느끼면 아이와 영어의 첫 만남은 성공적이다.

따라서 새로운 언어에 대해 겁부터 집어먹지 않게 하기 위해 영어 공부의 가장 큰 원칙은 즐거워야 한다는 것이다. 영어 학원을 다니든 영어 유치원을 다니든 처음 접했을 때 아이가 즐거워하는지 알아보는 것이 가장 중요하다. 아이가 즐겁게 공부한다면 일단 안심해도 좋다. 영어를 거부감 없이 받아들인다는 증거이기 때문이다.

언어를 공부할 때는 유창성과 정교성(정확성)이 중요하다. 유창성은 말을 편안하게 잘하는 것을, 정교성은 문법을 틀리지 않는 것을 뜻한다. 지금부터 이 두 마리 토끼를 잡는 방법을 알아보자.

초등 저학년
영어 공부

초기에 배우는 영어는 유창성이 가장 중요하다. 즉 많이 말하고 많이 듣는 것이 중요하다. 맞고 틀리고는 다른 문제이다. 따라서 엄마가 학원 숙제를 꼬박꼬박 점검하고 스펠링이나 문법의 오류를 지적하는 것은 아무런 도움이 되지 않는다.

가장 나쁜 태도는 "오늘 학원에서 배운 것 말해 봐"라고 아이를 다그치는 것이다. 엄마 때문에 의무감이 생기면 아이는 영어 학원에 가기 부담스러워지고, 나아가 영어 자체가 스트레스로 작용한다.

공인인증시험의 경우 영어 공부를 시작한 지 3년 이내에는 보지 않는 것이 좋다. 영어 공부의 초기 단계에는 아이가 즐겁게 배우고 많이 듣고 말하는 데 중점을 둬야 한다는 점을 다시 한 번 강조한다.

아이가 영어 공부를 싫어한다면, 그 해결책으로 아이가 서툴게라도 영어로 말할 때 부모가 관심을 보여주는 것이다. 엄마, 아빠가 즐거워하면 아이도 기뻐하기 때문이다. 엄마 앞에서 큰소리로 영어 동화를 읽게 하는 것도 좋다. 영어를 배우기 시작하는 초기에는 영어를 정확하게 구사하는 것보다 영어에 익숙해지는 것이 훨씬 중요하다.

영어는 노출 시간에 비례해 실력이 늘기 때문에 영어 마을도 체험하고 영어 애니메이션도 시청하면서 영어를 다양하게 접할 기회를 아이에게 만들어주면 좋다. 물론 엄마가 강요하기보다 아이가 스스로 요구해야 그 효과가 더욱 증폭된다.

부모 세대가 영어를 배울 때는 중학교에서 문법부터 공부하기 시작했지만, 요즘 아이들은 우리말을 익히는 것과 같은 방식으로 영어를 배운다. 그래서 우리말을 가르칠 때처럼 영어를 배우는 아이에게 관대해야 한다.

아이를 영어 학원에 보내려면 지나치게 숙제를 많이 내주는 학원은 피하는 것이 바람직하다. 아이가 좋아하는 선생님이 가르치거나 친구와 같이 다닐 수 있는 학원을 선택한다. 그래야 아이가 즐거운 마음으로 학원에 기꺼이 다닐 수 있기 때문이다.

초등 고학년
영어 공부

영어를 배우기 시작한 지 3년쯤 지나면 이제 정교성이 중요해진다. 이 시기에는 되도록 완전한 문장으로 말하고, 영어책도 수준에 맞춰 읽어야 한다. 이때부터는 숙제를 내주는 학원에 다녀도 괜찮다. 또한 아이가 준비되어 있다면 공인인증시험도 보게 하는데 토플 주니어(TOEFL Junior)와 토셀(TOSEL)부터 시작한다. 이런 시험을 보는 목적은 말하기, 듣기, 읽기, 쓰기 중 아이가 어느 영역에 약한지 알고자 함이다. 하지만 아직 영문법 위주로 공부할 때는 아니다.

초등 5학년 말에서 6학년 초가 되면 재미있는 영어에서 문법 영어로의 전환이 이루어진다. 아이의 실력이 충분하다면 『성문 기본 영어』 정도의 교재를 선택해 대여섯 번 읽는다는 마음으로 공부한다. 교재에 수록된 대표적인 문장들은 다 외우고, 이제부터 시험 영어 체제로 공부 방식을 바꿔야 한다고 아이를 설득하자. 리딩북을 통해 꾸준히 공부하면 재미있는 영어에 대한 흥미도 계속 이어갈 수 있다. 영어 듣기는 아이가 좋아하는 교재를 중심으로 공부하게 한다.

방학을 잘 이용하면 아이의 영어 실력은 쑥쑥 늘어난다. 외국인을 위한 영어 교육의 대가인 토론토 대학의 니나 스파다 교수는 짧은 시간으로 나누어 조금씩 공부하기보다 하루에 긴 시간을 투자하여 집중적으로 공부하는 몰입 교육이 영어 실력을 향상시키는 데 효과적이라고 말했다.

방학을 이용해 어학연수를 다녀오는 방법도 고려해 볼 만하다. 다만 6개월 이상의 영어 연수가 가장 좋은 시기는 5학년 때 떠나서 6학년 1학기 전에 돌아오는 것이다. 이것은 청심국제중학교 입학생이나 국어·영어·수학을 모두 잘하는 학생들의 사례를 들여다보면 금세 알 수 있는데, 통계적으로 이 시기에 해외 연수를 다녀온 아이들이 가장 많았다.

이 시기가 가장 바람직한 까닭은 국어와 수학 실력이 충분히 다져진 뒤 어학연수를 가야 하기 때문이다. 그렇지 않으면 어학연수를 다녀온 뒤 영어 실력은 늘었어도 다른 과목에서 문제가 발생할 수 있다. 어학연수는 2년 이상 보내지 않는 편이 좋다. 여기에 대해서는 조기 유학과 관련해 좀더 자세히 이야기하겠다.

43 수학은 어떻게 공부할까요?

수학 공부의 중요성은 따로 강조하지 않아도 엄마들이 잘 안다. 수학을 잘해야 하는 가장 현실적인 이유는 대학 입시 때문이지만 보다 근본적인 이유는 두뇌 발달 때문이다.

최근 수학자들을 대상으로 한 연구 결과에 따르면 수학자의 사고, 추상, 분석을 담당하는 뇌 부위는 해가 지날수록 조금씩 커졌다. 웩슬러 지능검사를 봐도 논리·수학과 관련된 부분이 전체의 3분의 1을 차지한다. 이것은 수학을 잘하는 아이의 IQ가 높을 확률이 크다는 것을 의미한다.

그럼 구체적으로 수학은 어떻게 공부해야 할까? 초등 저학년 때는 수학이 원리와 개념을 공부하는 즐거운 활동이어야 한다. 계산 연습도 필요하지만, 그보다는 먼저 개념을 파악하고 원리를 이해해야 한다. 이때 구체적인 사물을 이용해 설명하면 아이가 빨리 받아들일 수 있다.

특히 기억해 둘 점은 아이가 초등 고학년이 되어서도 수학에 자신감을 갖느냐 갖지 못하느냐가 이후에 수학을 좋아할지 싫어할지를 결정한다는 것이다. 6학년 때 수학을 좋아하는 아이는 중·고등학교에 진학해서도 수학을 잘하고 좋아할 확률이 높다.

아이가 수학을 싫어한다면 어떻게 해야 할까? 일단 수학의 난이도를 낮춰 공부할 것을 권한다. 쉬운 문제부터 풀기 시작해 자신감을 높여가는 것이다. 사고력을 길러주겠다고 다짜고짜 어려운 문제를 풀게 하면 아이는 점점 수학을 싫어하게 된다.

배려심이 많고 인성이 밝은 선생님에게 수학을 배우는 것도 좋은 방법이다. 시간이 오래 걸리더라도 아이가 문제를 이해하는 과정을 충분히 기다려주는 선생님이 곁에서 도와준다면 안심할 수 있다.

요즘 수학 문제는 한 문제에 예닐곱 줄씩 서술되어 있다. 앞으로도 이런 추세는 계속될 것 같다. 서술형 문제는 아이들을 당혹스럽게 만든다. '34+47'같이 단순한 연산 문제는 잘 풀면서도 이것을 서술형으로 출제하면 정답자가 훨씬 줄어든다. 그래서 문제를 정확하게 읽는 연습도 반드시 필요한데, 아이가 문제를 이해하지 못해 어려움을 겪는다면 꾸준한 독서를 통해 이해력을 높여줄 것을 권한다.

사실 연산 문제는 초등 수학에서 70퍼센트 이상을 차지하므로 소홀하게 여겼다가는 큰코다친다. 연산의 기본 개념을 이해했다면 문제 풀이 훈련을 통해 숙달하는 과정이 반드시 필요하다. 연산을 학습할 때는 날마다 조금씩, 한 번에 10분을 넘지 않아야 한다.

그렇다면 아이에게 어떤 문제집이 잘 맞을까? 아이의 수학 문제집을 고르는 데도 요령이 있다. 시중에는 문제집이나 학습지의 종류가 너무나 다양하지만, 아이가 자기 능력만으로 풀었을 때 70점 정도로 맞힐 수 있는 문제집이 가장 적당하다. 90점 이상으로 나온다면 아이에게 지적인 자극을 충분히 제공하지 못하기 때문에 추천할 만하지 않고, 50점 이하로 나온다면 아이의 수준에 비해 너무 어려워 수학에 대한 흥미를 잃게 할 우려가 있다.

다음 학기에 대비해 수학을 예습하기 위해서는 교과서를 우선시하고 문제집은 기본 난이도 정도이면 된다. 교과서로 수학을 공부할 때는 허술하게 넘기기 쉬운 '단원의 목적'이나 '활동하기' 등의 도움을 받는 것이 효과적이다. 문제집으로 공부할 때는 자신이 풀고 싶은 문제부터 풀지 말고 차례대로 문제를 풀어야 한다. 문제들이 무작위로 나열되어 있는 것 같지만 원리와 개념을 확인하는 문제부터 점점 더 복잡하게 응용하는 문제 순으로 정렬되어 있다. 학기 중에 수학 진도와 맞춰 예습과 복습을 하기 위해서라면 약간의 심화 난이도 정도가 적당할 것이다.

수학 문제집을 풀 때는 시간을 정해 놓는 버릇을 들이는 것이 좋다. 그래야 집중력이 좋아질뿐더러 아이가 시험을 볼 때 시간을 관리할 줄 알게 된다. 아이가 문제집을 다 풀었다면 엄마가 채점한 후 오답 노트를 만들게 하자.

엄마와 아이가 학원에서 수학을 공부하는 것이 낫겠다고 동의했다면 목표를 분명히 정한 후 선택한다. 아이의 수학 실력이 부족해서라면, 옆집의 공부 잘하는 아이가 다니는 학원에 보내기보다 아이의 수준에 맞는 학원을 찾아야 한다. 학원들은 대부분 문제 풀이에 초점을 맞춰 커리큘럼을 짜는데, 가급적이면 문제를 적게 풀더라도 원리와 개념을 잘 정리해 주는 학원이 바람직하다.

학원 공부에도 요요 현상이라는 것이 있다. 초반에는 아이가 문제 푸는 방식만 집중적으로 배우기 때문에 성적이 반짝 오른다. 하지만 기본을 다져놓지 않으면 난이도가 조금만 높아져도 다시 원래 실력으로 되돌아간다.

단기간에 수학 성적을 높이기 위해 잠깐 다닐 것인지, 수학 학습 습관이 형성될 때까지 길게 다닐 것인지에 따라서도 학원 선택은 달라진다. 하지만 어떤 목적으로 학원을 다니든 하루에 2~3시간 자기주도적으로 공부할 수 있도록 시간 계획을 세워야 한다. 그래야 아이가 학원에서 배운 것을 충분히 자기 것으로 만들 수 있다.

44
수학, 선행할까 심화할까?

이 질문에 답하기 전에 먼저 수학 과목의 특성을 살펴보자. 수학은 나선형 구조여서 앞부분을 이해하지 못하면 그다음 진도를 나갈 수 없다.

많은 엄마들이 수학은 어려운 과목이라는 데 의견을 일치한다. 하지만 그다음으로 넘어가면 이견이 분분하다.

"한국의 수학 교과과정이 특히 어렵다잖아요. 진도도 너무 빨라서 아이가 도무지 수업을 따라가지 못해요. 그러니 선행학습을 해서 개념을 먼저 잡으면 수학을 배우는 데 훨씬 용이하지 않겠어요?"

"어려울수록 심화학습을 해야죠. 문제 난이도를 조금씩 높여가면서 풀고 또 풀고……. 그렇게 해도 겨우 원리가 잡힐까 말까 하더라고요."

민 선생님도 배운 것을 온전히 내 지식으로 만들려면 반복적으로 훈련하라고 말씀하셨잖아요."

나름대로 다 설득력이 있는 의견들이다. 그래서 엄마들이 더 어려워한다. 선행학습이 더 좋을까, 심화학습이 더 좋을까?

에두르지 않고 결론을 말하겠다. 단적으로 말해서 머리 좋은 아이는 선행학습의 도움을 많이 받을 수 있다. 초등학교 때부터 중학교 3학년까지는 심화학습 없이 선행학습만으로 개념과 원리를 정리하고 기본 유형 문제만 풀 것을 권한다. 그 과정에서 아이는 새로운 패러다임을 계속 알아가게 되는데, 머리 좋은 아이는 지적인 호기심이 넘쳐서 무척 흥미로워한다. 다시 말하지만 머리가 좋은 10퍼센트의 아이에게 해당하는 말이다.

나머지 머리가 우수하지 않은 90퍼센트의 아이들에게는 선행학습이 별 도움이 되지 않는다. 아니, 오히려 아이가 수학을 더 어렵게 느껴서 역효과를 초래할 수 있다. 이런 아이들은 수업 시간에 한 번 들어서는 개념과 원리를 제대로 이해하지 못한다. 학원에서 집에서 반복적으로 공부하며 문제 유형에 익숙해져야 한다. 그런 다음 난이도를 높여 어려운 문제에도 도전하는 패턴으로 공부해야 효과적이다.

수학의 경우에도 역시 IQ 130 이상인 아이는 3년 정도까지 선행학습을 해도 무리가 없다. 본인이 잘 소화한다면 그보다 더 진도를 나가도 별문제가 되지 않는다. 그런데 간혹 선행학습을 하면서 심화학습까지 노린다. 하지만 그것은 오히려 선행학습을 방해할뿐더러 지능을 발달시키는 데도 부정적이다.

심화학습에 대해 이야기하자면, 시험을 보지 않는 심화는 심화가 아니다. 아이가 수학의 어떤 개념이나 원리를 제대로 심화했는지 알 수 있는 방법은 시험밖에 없기 때문이다. 그런데 그 시험문제가 상당히 고난도이기 마련이다. 지적인 호기심에 자극받아 새로운 개념과 원리를 계속 공부해 나가는 선행학습은 기본 유형의 문제를 통해 그 개념과 원리가 어떻게 적용되는지를 이해하는 데 비해, 심화학습은 거기에서 더 깊숙이 들어가기 때문이다. 때로는 초등 4학년 심화학습이 고등학교 1학년 선행학습보다 더 어려울 지경이다. 심지어 선생님조차 못 푸는 문제도 있다.

학원에서 심화학습을 많이 하려는 것에 대해서도 한 번쯤은 생각해 봐야 한다. 진도를 빨리 나가지 않으려는 의도가 숨어 있을지 모르기 때문이다. 사실 1차 방정식을 심화하면 2차 방정식이고, 또 그것을 심화하면 미적분이다. 아이가 소화할 수만 있다면 자연스럽게 선행학습으로 전환할 수 있는 것이다.

하지만 선행학습이든 심화학습이든 아이의 능력이 미치지 못하는데 남을 따라하는 공부는 효과가 없을 뿐 아니라 수학 자체와 멀어지게 하는 길이다. 엄마의 과욕이 아이의 공부를 방해하는 가장 큰 적일 수 있음을 기억하자.

45 연산과 사고력, 어느 것이 더 중요할까?

수학이라는 나무에서 연산은 줄기이고 사고력은 곁가지이다. 일반적으로 학습은 새로운 개념을 이해하고 그것을 여러 번 반복적으로 익혀서 자동화하는 것이다. 학습을 통해 연산 실력은 향상되지만, 사고력은 길러지기가 상당히 힘들다.

가령 축구에서 패스하고 달리는 것이 연산이라면 오버헤드킥을 시도하는 것은 사고력이다. 이왕이면 많은 훈련으로 월등히 좋아지는 걸 훈련시키는 것이 바람직하지 않을까. 그런 대표적인 것이 바로 연산이다.

아이가 연산을 못하는 가장 큰 이유는 엄마가 직접 공부를 시켜서인 경우가 많다. 영어는 파닉스가 안 되니까 학원을 찾고, 국어는 아예 공부시킬 생각도 안 하는데, 수학만은 유독 엄마가 충분히 가르칠 수 있다고 생각한다. 그런데 수학 문제를 푸는 아이가 한두 문제씩 틀리기 시작하면 엄마는 표정부터 바꾸고 숨을 거칠게 내뱉는다. 그러면 아이는 "틀렸어?" 하며 엄마의 눈치를 보게 된다.

아이는 엄마에게 칭찬받고 싶어 한다. 엄마의 칭찬이 학습 동기가 되기도 한다. 하지만 연산으로 칭찬받는 아이는 아마 거의 없을 것이다. 이런 과정이 되풀이되면 괜히 엄마와 아이의 사이만 나빠질 뿐 아니라 아이가 수학을 싫어할 우려마저 있다. 그러므로 연산만큼은 엄마가 가르치지 않고 학원에 있는 전문가에게 맡기는 것이 현명하다.

아니면 아이의 친구 엄마에게 연산을 배우는 것도 경제적일뿐더러 나쁘지 않은 방법이다. 내 아이만 아니면 화를 잘 다스리기 때문이다. 마찬가지로 다른 아이들을 몇 명 모아 내 아이와 함께 가르쳐도 화를 억누르는 데 도움이 된다. 하지만 엄마가 연산을 가르치면 아이의 계산 속도가 좀처럼 빨라지지 않는 문제점이 발생한다. 연산은 정확성뿐 아니라 속도도 중요한데 엄마들은 대부분 정확하게 계산하는 데만 매달리기 때문이다.

아이가 손가락을 이용해 연산하는 버릇은 초등 2학년이 되기 전에 고쳐주는 것이 좋다. 자신감을 상실할 수 있기 때문이다. 또한 아이가 연산 문제를 풀면서 암산을 하는 습관이 있다면 반드시 바로잡아줘야 한다. 암산으로 풀면 연산 속도가 느려지고 실수로 틀리는 경우가 많다. 연산을 할 때는 숫자를 직접 써서 계산하는 필산(筆算)의 방식으로, 암산은 머릿속에 연습장을 그려서 계산하는 암산(暗算)의 방식으로 따로 훈련해야 각각의 효과를 높일 수 있다. 암산을 필산으로, 필산을 암산으로 하는 것은 효과도 전혀 없을뿐더러 연습 목적도 서로 다르다.

그러므로 연산을 훈련할 때는 꼭 연습장에 써서 그 과정을 눈으로 확인하도록 한다. 아이에게 수학을 아주 잘하는 사람도 다 연필로 써가면서 연산을 한다는 사실을 알려준다. 연산 과정을 직접 손으로 써보면 머리도 훨씬 가벼워지고 속도도 빨라지기 때문에 연습량을 늘릴 수 있다.

연산 속도를 높이려면 구구단을 외우는 것도 도움이 되는데 이때는 엄마와 함께하면 효과적이다. 다음 단계대로 따라해 보자.

- ◆ 일주일 동안 구구단을 외운다. 아이에게만 외우게 하지 말고 엄마와 아이가 번갈아 외운다.
- ◆ 그다음 일주일은 구구단에 대해 질문한다. 엄마가 질문하는 것이 아니라 아이가 질문하면 엄마가 대답한다. 그러면 아이는 전혀 스트레스를 받지 않고 오히려 재미있어 하면서 열심히 구구단 문제를 낸다.
- ◆ 아이에게 곱셈이 들어간 계산을 많이 해보게 한다. '한 자릿수×한 자릿수'부터 시작해서 '두 자릿수×한 자릿수'로 곱하기의 자릿수를 늘려간다. 이때도 연습장에 직접 쓰면서 문제를 풀리는 것이 중요하다. 암산으로 전부 계산하려고 하면 실제로 풀어보는 양이 적어져서 구구단을 외우기 어렵다.

만약 아이가 수학을 싫어한다면 탐스러운 '당근'을 주자. 시간을 재면서 연산을 훈련시키는 것인데 약간의 요령이 필요하다. 3분 정도 분

량의 문제를 미리 체크하고 5초가량 더 빨리 풀면 아이가 원하는 선물을 준다. 이렇게 하면 아이가 연산으로 받는 스트레스보다 그것을 견뎌냈을 때의 보상이 더 달콤하다는 생각을 하게 된다. 이런 과정으로 이전 기록을 네 차례쯤 깨면 연산 속도는 10퍼센트 정도 향상되어 있을 것이다.

'사고력 수학'은 연산 훈련이 충분한 아이들이 조금씩 시도하는 것은 괜찮지만 사고력 위주로 수학을 공부하는 것은 바람직하지 않다. 아이가 연산을 싫어하게 될 가능성이 있기 때문이다. 연산과 사고력의 비율은 3 대 1이 가장 적당하다.

46 독서 교육은 어떻게 할까요?

독서 교육에 관해 설명할 때 가장 먼저 당부하고 싶은 말은 "제발 독서 후에 독후감을 쓰게 하지 마세요!"라는 것이다. 엄마들은 아이가 책을 읽는 것 자체보다 후기처럼 남기는 독후감상문에 훨씬 더 집착하는 것 같다. 아이러니하게도 상담해 보면 아이는 독서가 중요하다고 생각하지만, 엄마는 책을 읽은 후 뭔가 남기는 것에 더 신경을 곤두세운다. 이것만큼은 아이의 판단이 전적으로 옳다.

책이 재미있어서 읽는 아이에게는 굳이 책을 읽으라고 말할 필요가 없다. 엄마의 바람은 그처럼 아이가 늘 책을 곁에 두고 책과 친한 친구가 되는 것일 텐데도 정반대로 행동하고 있다. 아직도 고개를 갸웃거리게 된다면 이렇게 한번 생각해 보자.

만약 드라마를 한 편 볼 때마다 감상문을 써내라고 하면 어떨까? 밥상 차리는 것도 제쳐놓은 채 드라마 스토리에 푹 빠져 있으면서도 시청 후 감상문을 써야 한다면 갑자기 부담감에 짓눌릴 것이다. 처음 몇 번은 드라마를 보려고 형식적으로라도 감상문을 쓰겠지만 그것이 반복되면 "에이, 차라리 드라마를 안 보고 말지"라는 말이 절로 입 밖으로 튀어나올 것이다. 아이들에게 독후감상문도 이런 상황과 전혀 다를 바 없다.

"교과서에서는 지식을 배우고, 책에서는 지혜를 배워라."

내가 별표를 남발해 강조하고 싶은 말이다. 독서 교육에 대한 코멘트는 이 한마디로 간단히 정리된다.

성공한 사람들에게 자신의 성공 원동력이 무엇이라고 생각하느냐고 물으면 "책을 많이 읽었어요"라고 대답하는 경우가 상당히 많다. 독서는 성공의 중요한 요인인 것 같다. 그러나 여기에는 맹점이 하나 있다. 성공한 사람들이 책을 많이 읽었다고 말하는 경우는 흔해도 독서광이 반드시 성공하는 것은 아니라는 사실이다. 그러니 성공한 사람들이 책을 많이 읽었다고 해서 내 아이가 책을 많이 읽으면 반드시 성공할 것이라고 확신해서는 안 된다. 책은 콩나물시루에 물을 붓는 것과 같아서 읽고 나면 경험과 지혜가 자꾸자꾸 쌓이지만 그게 고스란히 모두 남는 것은 아니다. 또한 사람들은 성공하고 나서도 자신이 무엇 덕분에 성공했는지 면밀하게 분석하지 못한다. 자신이 성공한 분야에 대해 잘 알기 위해 열심히 읽었던 책들이 언뜻 떠올라 '독서'를 언급하기도 한다. 게다가 '독서'라는 말이 주는 뉘앙스가 얼마나 고상하고 지성적인가.

독서를 통해서는 간접경험과 상상력, 그리고 지혜를 얻으면 족하다.

그리고 독서 방법으로 가장 좋은 것은 공부하다가 쉬고 싶을 때 책을 읽는 것이다. 재미도 있고 휴식 시간으로도 아주 훌륭하다. 그런데 이 편안한 시간을 감상문이라는 스트레스로 방해하는 것이 나는 너무도 안타깝다. 요즘 세태를 살펴보면 독서 교육을 지나치게 강조하다 보니 책이 또 다른 교과서가 되어버린 것 같다.

책에 몰입하는 즐거움을 아는 부모도 꽤 많을 것이다. 따뜻한 물을 받은 욕조에 피곤한 몸을 푹 담그듯 피로해진 정신을 편안히 담그는 행위가 바로 독서이다. 예로부터 동양에서는 이것을 '독서삼매경'이라 부르며 중시했다. 그런데 엄마가 인터넷에서 리뷰를 꼼꼼히 읽어보고 논술 선생님의 조언도 들어가며 정성 들여 사 온 책 다섯 권이 아이에게 독후감상문 5개로 보인다면 그보다 더 맥 빠지는 일이 어디 있겠는가.

내 경험담을 들려주면 더 생생하게 이해될 것 같아 부끄럽지만 꺼내놓는다. 어린 시절 어머니는 내가 책 읽는 것을 달가워하지 않으셨다. 책상 앞에 책을 펴고 앉으면 "네가 나중에 뭐가 되려고 허무맹랑하기 짝이 없는 책만 붙들고 있는 거냐?"라며 언짢아하셨다. 집안 분위기가 그렇다 보니 아이가 볼 만한 책은 한 권도 찾아볼 수 없었다. 그럴수록 책에 대한 내 갈증은 쌓여갔다.

그러던 어느 날, 같은 반 친구네 집에 놀러 갔다. 친구의 방에 들어서자마자 눈이 휘둥그레졌다. 별천지가 따로 없었다. 한쪽 벽면을 차지한 책장에 그 유명한 계몽사의 50권짜리 『세계문학전집』이 주홍색 표지를 뽐내며 빼곡히 꽂혀 있는 것이 아닌가! 나는 그 경이로운 풍경 앞에서 입만 떡 벌린 채 아무 말도 하지 못했다. 그날부터 나는 학교 수업이 끝나는 즉시 그 친구네 집을 풀 방구리에 쥐 드나들듯 들락거렸다.

속 모르는 친구는 자꾸만 밖에 나가서 놀자고 졸랐고, 나는 딱 세 권만 읽고 나서 놀자고 사정했다. 친구의 어머니는 아들과 함께 책을 읽자고 하는 기특한 친구가 놀러 오는 것을 무척 반겼다. 나는 그 친구의 집에만 가면 성대한 대접을 받았다.

그런데 서너 달쯤 지나자 친구네 집에 있는 책들을 다 읽어버려 더 이상 새로운 책이 없었다. 나는 우리 집에 있는 아버지의 『한국문학대전집』을 읽기 시작했다. 성인이 보는 소설인지라 막 사춘기에 접어들 무렵의 나는 귓불이 벌게지도록 그 책들을 탐독했다. 당시 나는 공부를 그다지 잘하는 학생이 아니었지만 독서량만큼은 타의 추종을 불허했다.

『한국문학대전집』에는 간혹 한자가 섞여 있었기 때문에 내용을 알려면 옥편에서 한자를 찾아야 했다. 덕분에 나의 한자 실력이 쑥쑥 늘어갔다. 그 책들 다음으로 나를 사로잡은 것은 『세계미술대전집』이었다. 지금도 나는 전 세계 어느 미술관에 가서 그림을 보든 그다지 유명하지 않은 화가 이름까지 줄줄 꿴다.

어느 가을, 나에게 한 줄기 서광이 비쳤다. 막내 삼촌이 연애를 시작했는데 애인의 직업이 도서관 사서였던 것이다. 그때부터 나는 아무런 거리낌 없이 도서관에 있는 책들을 마음껏 읽으며 방학을 행복하게 보낼 수 있었다. 이런 기억들이 있어 나는 여전히 책을 무척 좋아한다. 독서는 나에게 기쁨 그 자체이다.

중요한 점은 내가 학창 시절 수천 권의 책을 읽었지만 단 한 장도 감상문을 쓰지 않았다는 사실이다. 아무도 강요하지 않았기에! 책에 대해 문외한이었던 어머니가 한없이 고맙게 느껴진다.

그런데도 책을 읽은 아이에게 굳이 기록을 남기게 하고 싶다면 독서 카드 정도가 제일 낫다. 몇 월 며칠 무슨 책을 읽었고 어떤 내용이었는지 간단하게 두세 줄로 정리하면 된다. 그 정도라면 아이도 별 부담을 느끼지 않을 것이다. 요즘은 중·고등학교에서도 독후감상문 대신 독서 카드로 대체하는 추세이다.

두 번째로 독서에 대해 내가 하고 싶은 말은 책을 읽고 무엇을 느꼈는지에 대해 묻지 말라는 것이다. 이런 질문을 받으면 열이면 열, 아이들은 당혹해하며 자신이 생각한 바를 정리하지 못한다. 물론 아이를 난처하게 하지 말라는 의미에서 이런 말을 하는 것이 아니다. 초등학생은 아직 논리성을 키우는 것이 우선인 나이이기 때문이다. 논리가 뒷받침되지 않은 감상은 아이에게 아무런 도움이 되지 못한다.

그러므로 느낌보다 내용을 묻는 것이 현명하다. 어려서는 독서를 통해 기억력과 논리적 사고력을 키우는 게 중요한데 이것은 훈련을 통해 충분히 기를 수 있다. 아이가 자신이 읽은 책의 내용을 다시 엄마한테 들려주는 것이다. 아이가 기억을 더듬으며 이야기를 정리하다 보면 자연스럽게 기억력, 논리력, 사고력이 향상된다.

엄마들이 맹신하는 학년별 권장 도서나, 대학 혹은 각종 교육단체 선정 권장 도서 등에도 얽매이지 말길 당부한다. 초등 4학년에게 맞는 책, 중학교 1학년에게 맞는 책이 결코 따로 있지 않다. 사람마다 지적인 능력은 워낙 편차가 크기 때문에 단순하게 연령별, 대학별 분류법으로 들이밀어서는 안 된다. 부모가 할 일은 그저 아이가 좋아하는 책을 읽도록 지원하는 것이다. 그러다 보면 아이가 자연스레 독서를 즐기게 되고, 또 자신이 읽고 싶은 책의 목록을 스스로 정리하게 된다.

아이의 독서 편식 역시 신경 쓰지 않아도 된다. 많은 엄마들이 아이가 한 분야의 책만 읽는다고 걱정하는데 그럴 필요 없다. 아이가 책을 읽는 것 자체로 아주 좋은 습관이 만들어지기 때문에 적극 지원해야 한다. 심지어 아이가 만화만 보더라도 전혀 염려하지 말고 만화책을 사줘라. 요즘은 양질의 학습 만화도 많이 나와 있다.

아이와 함께 서점과 도서관에 자주 들러라. 세상에 책이 얼마나 많은지 직접 확인하는 경험도 책과 친해지는 데 매우 요긴하게 작용한다. 어떤 엄마들은 아이가 좋아하는 책 대신 엄마의 판단으로 아이가 읽으면 좋을 것 같아 보이는 책을 일방적으로 강요한다. 하지만 아이가 읽을 책은 엄마가 한 권 정도만 골라준 뒤 나머지는 아이에게 직접 고르게 하는 편이 현명하다. 그 과정을 통해 아이는 자신이 원하는 책을 발견하는 능력을 기를 수 있다. 아이는 스스로 선택한 책에 더욱 애착을 보이며 책임감을 갖고 열심히 읽는다.

전집이 좋을까, 단행본이 좋을까를 고민하는 것은 어리석다. 어떤 선택을 하든 장단점은 분명 있다. 전집을 사서 아이의 방에 꽂아놓으면 한 권, 두 권 읽기 시작해 시간이 흐르면 결국 전부 읽게 되므로 그 시기에 필요한 책을 거의 모두 읽는 효과가 있다. 단행본의 경우는 원하는 책을 그때그때 목돈 없이도 쉽게 살 수 있어 부담이 없다. 중요한 점은 독서를 습관화하는 것이다.

그런데 책은 엄마가 읽어줘야 할까, 아이 스스로 읽어야 할까? 짧게 대답하자면 어린아이의 경우에는 엄마와 아이가 번갈아 읽는 것이 좋다. 엄마의 팔베개를 하고 책 읽는 소리를 도란도란 듣던 행복한 기억은 성인이 되어서도 평생 동안 '내 영혼이 따뜻했던 날들'로 남는다. 이런 경험은 아이와 유대감을 형성하는 데도 아주 좋은 영향을 준다. 아이가 스스로 읽는 것은 한글을 빨리 깨치고 글을 유창하게 읽는 능력을 키우는 데 도움이 된다.

하지만 유치원 때까지는 아이의 전체 활동 중에 독서가 너무 많은 부분을 차지해서는 안 된다. 독서에 백 가지 장점이 있어도 책을 읽을 때는 손과 발을 거의 쓰지 않기 때문에 손발의 협응력을 기르는 데는 좋지 않다.

47
자기주도학습이란 무엇인가요?

어느 사립학교에서 강의를 하는데 어떤 엄마가 질문했다.

"우리 아이는 중학교 2학년까지 학원을 한 번도 안 다니고 스스로 수학을 공부했는데 앞으로도 계속 그렇게 해도 될까요?"

사실 그 엄마는 질문했다기보다 혼자서도 수학을 척척 공부하는 아이를 자랑했던 것이다.

뭐든 처음 배울 때는 선생님한테 배우는 것이 가장 좋다. 공부의 시작은 좋은 선생님을 찾는 것에서 출발한다. 배움의 과정 없이 혼자 공부한다면 효과적이지 못한 방법으로 문제를 풀 수밖에 없다. 설령 효과적인 방법을 찾았더라도 그만큼 시간이 소요된다.

수영을 처음 배우는 사람이 자기주도적으로 익히면 개헤엄밖에 못 친다. 김연아 같은 피겨스케이팅 천재도 좋은 선생님을 찾아다녔다. 바닷가에 사는 사람들과 도시에 사는 사람들 중에서 수영선수는 어느 쪽이 더 많을까? 단연 도시에 사는 사람들이 더 많다. 바닷가에서는 자기주도적으로 수영을 배워서 물에 오래 떠 있기는 하지만 빠르지는 않다. 하지만 선생님에게 배우면 올바른 자세로 빠르게 수영하는 법을 정확하게 알려준다.

자기주도학습과 자습을 혼동하는 경우가 많은데 둘은 엄연히 다르다. 자기주도학습은 자신이 스스로 계획하고 평가하는 것을 말한다. 예를 들면 학원을 다녀야 할지 안 다니는 게 좋을지, 학원의 도움을 받지 않으면 인터넷 강의를 들을지 어느 방법이 자기 공부에 효과적일지 스스로 판단하는 것이다.

자기주도학습에서 가장 중요한 것은 나한테 맞는 공부를 찾는 일이다. 자기가 정한 목표를 달성하는 데 최선의 방법을 찾아가는 것이 자기주도학습이다. 사교육을 받지 않고 학원에도 다니지 않고 공부하는 것을 자기주도학습이라 불러서는 안 된다.

자기주도학습은 목표지향적이어야 한다. 목표는 어떻게 정해야 할까? 목표는 크게 평가 목표와 행동 목표로 나뉜다. '이번 달에 1등을 해야지'는 평가 목표이고, 행동 목표는 1등을 하기 위해 공부 시간을 늘리고, 아침에 일찍 일어나고, 텔레비전 시청 시간을 줄이는 등의 실제 행동을 의미한다.

평가 목표와 행동 목표는 최대한 구체적이어야 하고, 자신에게 가장 적절한 목표가 되기 위해 유연해야 한다. 아이가 스스로 목표를 이뤄가는 과정을 실천하고 이를 평가해 보는 경험을 꾸준히 되풀이하여 습관화하자. 또한 자기주도학습과 정반대되는 행동은 뭐든 옆집 우등생을 따라 내 아이에게 공부시키고 싶은 팔랑귀 엄마가 정작 한다는 것을 유념하자. 엄마의 팔랑귀가 아이의 자기주도학습에 치명적인 독이 될 수 있다.

자기주도학습을 위한 비법을 하나 공개하겠다. 우리 연구소에서 활용하는 '스스로 5분' 시스템이다. '스스로 5분'이란, 플래너에 평가 목표와 행동 목표를 기록하고 수업 후 5분 동안 정리, 귀가 후 5분 동안 복습을 통해 아이가 스스로 공부 계획을 지속적으로 점검하고 실천하는 것을 말한다. 이 과정을 반복하다 보면 저절로 습관으로 굳어진다.

48 예습, 복습하는 방법을 몰라요

많은 교육 컨설턴트들이 "예습과 복습을 철저히 하라"고 입을 모은다. 하지만 이런 조언은 아무런 말도 듣지 않은 것과 마찬가지이다. "성실하게 노력하면 부자가 된다." "목표를 갖고 살아라." 이런 말들과 다를 바가 전혀 없지 않은가. 지나치게 추상적이어서 아무것도 손에 잡히지 않는다. 교육 컨설턴트라면 "예습과 복습을 철저히 하라"가 아니라 구체적인 예습·복습 방법을 알려줘야 한다.

예습은 중위권 이하의 학생들에게 적합하다. 상위권 학생이 예습을 하면 오히려 수업 집중도가 떨어진다. 선행학습과 예습은 완전히 다른 개념이다. 선행학습이 지속적으로 새로운 동기를 부여하고 호기심을 자극하기 위한 과정이라면, 예습은 수업 집중력을 높이기 위해 미리 훑어보는 것이다. 한 달이나 한 학기 정도 미리 공부하는 것은 선행학습이 아니라 예습이다.

중위권 이하의 학생들은 예습하지 않으면 수업 시간에 새로운 어휘들이 언급됐을 때 외국어를 듣는 것처럼 수업 내용을 이해하는 데 어려움을 겪는다. 많은 양을 미리 공부할 필요는 없고, 내일 배울 내용의 어휘와 개념을 훑어보면서 익숙해지는 것으로 충분하다. 상위권 학생들은 오히려 예습을 하면 다 아는 내용이라 생각해 수업 집중도가 떨어지기도 한다.

상위권 학생들은 선행학습과 복습 위주로 공부해야 한다. 복습을 위한 방법은 '5분 복습법'이 가장 효과적이다. 5분 복습법은 쉬는 시간을 이용해 혼자, 혹은 친구와 함께 5분 동안 앞 시간에 배운 내용을 정리하는 것으로, 다음과 같이 3단계로 진행한다.

- ◆ 1단계 수업 시간에 선생님의 말씀을 들으면서 잠깐씩 복습한다.
- ◆ 2단계 수업 시간 직후에 5분 동안 그날 배운 내용(주요 개념, 주요 문장, 사회의 지도, 경제의 그래프 등)을 정리한다.
- ◆ 3단계 집으로 돌아와 그날 학교에서 5분 동안 정리한 것을 다시 훑어본다. 1교시에 배운 것 5분, 2교시에 배운 것 5분……. 이런 식으로 총 5교시라면 25분간 보는 것만으로도 머릿속에 굉장히 많은 정보가 남는다.

5분 복습법으로 공부하면 수업 시간에 한 번, 수업이 끝난 후 한두 번 반복학습을 하는 효과가 있다. 실제로 5분 복습법을 습관화해 전교 70등에서 10등으로 껑충 뛴 학생도 있었다.

사람의 기억은 1시간 이내에 50퍼센트를 망각한다. 빠른 시간 내에 단기기억을 장기기억으로 옮겨야 한다. 요즘 아이들은 배운 것을 익힐 시간도 없을 만큼 바쁘지만, 수업 중에 선생님이 강조한 내용 중 딱 열 가지만 외워도 금세 효과를 볼 수 있다. 수업을 하면서 선생님이 중요하다고 직접적으로 언급한 내용, 선생님의 목소리가 갑자기 커진 내용, 시험문제로 나온다고 짚어준 내용 등에 별표를 해두고 열 가지씩만 외우는 것이다. '수업 중 10개 암기'와 '수업 후 5분 복습'은 성적 향상의 지름길이다.

사람의 머리는 외우려고 의도한 것만 기억한다. 대충 건성으로 훑어보는 것이 아니라 외우려는 의지를 갖고 복습해야만 효과가 있다는 뜻이다. 이런 식으로 공부하지 않으면 중간고사와 기말고사를 준비할 때 마치 처음 보는 내용같이 느껴져 시험에 대한 자신감이 꺾일 우려가 있다.

예습과 복습 중 어느 것이 좋으냐는 문제 역시 아이마다 다르다. 내 아이의 성적과 공부 패턴에 맞춰 더 적합한 쪽을 선택하면 된다. 무엇이든 꾸준히 실천할 때 기대 효과를 만끽할 수 있다.

49 조기 유학, 반드시 필요할까요?

조기 유학의 장점은 뭐니뭐니 해도 집중적으로 영어를 공부할 수 있다는 것이다. 1만 시간의 법칙을 떠올리면 이해하기 쉽다. 유학을 가면 하루에 최소한 8~9시간은 영어에 집중해야 하므로 1년 유학으로 한국에서 3년 동안 영어를 공부한 효과를 거둘 수 있다.

그러나 유학이 반드시 필요한 것은 아니다. 이젠 한국도 영어 교육에 관한 제반 환경이 잘 갖춰져 있다. 실제로 영어를 아주 잘하는 아이들 중에서 국내파도 적잖이 볼 수 있다.

만약 조기 유학을 보내고자 한다면 언제가 좋을까? 초등 5학년에 외국으로 가서 6학년에 한국으로 오는 것이 여러모로 적절하다. 한국의 교육 상황에서 4학년까지는 마쳐야 국어와 수학에 대한 감각을 어느 정도 굳힐 수 있기 때문이다. 그래선지 청심국제중학교에 들어간 학생들 100여 명의 입시를 지도해 본 결과, 이 시기에 유학을 다녀온 경우가 가장 많았다.

또한 너무 어릴 때를 피해 아이의 자아가 형성된 이후에 조기 유학을 보내야 외국 생활에 잘 적응할 수 있다. 사실 낯선 외국 생활에 적응하기란 어른에게도 어려운 일이다. 하물며 어린아이에게는 더욱 힘든 일이라는 것쯤은 굳이 설명하지 않아도 잘 알 듯하다.

유학 기간은 1년부터 1년 6개월 정도까지가 적당하다. 2년이 넘어가면 유학 생활에 완전히 적응되어 한국으로 돌아오지 않으려 하기도 한다. 게다가 유학 기간 동안 영어 실력은 늘겠지만 국어와 수학 과목에서 뒤처지게 마련이다. 외국에서 유학하는 동안에도 귀국 후를 대비해 국어와 수학 감각을 유지하라는 것은 그 때문이다. 학년이 올라갈수록 과목별 난이도가 높아져 그만큼 뒤떨어진 수업 내용을 따라가기가 힘들 수밖에 없다.

조기 유학을 다녀온 아이가 한국에서 중학교에 진학했는데 "우리 아이가 초등학교 때는 공부를 잘했는데 왜 이렇게 성적이 떨어지는지 모르겠어요"라는 반응이 나오는 것은 귀국 후 국어에 대한 준비가 제대로 이루어지지 않았기 때문이다. 유학 중에도 국어 교과서만 있으면 국어 공부를 충분히 할 수 있다. 최소한 일주일에 한 번은 교과서로 국어를 공부하고, 한글로 쓰인 책도 가져가서 우리말이 퇴화하는 일이 없도록 하자.

이러저러한 이유들로 아이들이 유학을 다녀온 이후에 한국 생활에 적응하지 못해 문제가 되는 경우가 의외로 많다는 것을 미리 알아둘 필요가 있겠다. 만약 아이의 유학 기간을 2년 이상 계획한다면 그곳에서 고등학교와 대학교를 마칠 것을 권한다.

엄마들은 조기 유학을 보내면서 아이가 최대한 영어를 완벽하게 익히길 바란다. 그래서 국어를 되도록 사용하지 않게 하기 위해 한국 아이들이 적은 동네로 유학을 보내려는 경향이 있다. 하지만 그것은 별로 바람직하지 않다.

한국 아이들이 없다는 것은 그만큼 아이가 적응하기 힘든 환경이라는 뜻이다. 한국 아이들이 많은 곳이라도 모든 수업을 영어로 듣고 숙제도 영어로 해야 하므로 영어 실력은 자연히 늘어날 수밖에 없다. 그러므로 조기 유학을 보내려면 먼저 아이가 적응을 하는 데 어떤 환경이 좋은지 따져보는 지혜가 필요하다.

현지 적응에 실패하면 영어는 고사하고 정서적으로 위험한 상황이 발생할 수도 있다. 부모가 곁에서 아이의 상황을 지켜보지 못하기 때문에 사태는 더 심각해지기도 한다. 그러므로 조기 유학을 보냈을 때는 반드시 아이가 정서적으로 힘들어하는지 수시로 확인해 봐야 한다.

엄마가 적어도 한 번은 현지에 가서 아이의 환경을 직접 살펴볼 필요가 있다. 눈으로 확인하지 않고 홈스테이를 하는 집에서 하는 말만 그대로 믿는 것은 바람직하지 않다. 사건이 발생하기 전까지는 그저 괜찮다고만 말하는 경우가 대부분이기 때문이다. 아이가 공부할 학교도 둘러보는 것이 좋다.

조기 유학을 보낼 때는 부모의 섬세한 배려가 필요하다. 의외로 많은 아이들이 정신적인 고통을 느낀다. 실제로 유학을 다녀온 후 정신과 치료를 받는 아이들도 많다. 엄마들이 대체로 이런 사실을 숨기기 때문에 주변에서 잘 모를 뿐이다. 들리는 말이라곤 유학 후 성공한 경우뿐이기 때문에 유학에 대해 무조건 환상을 가질 수 있다.

간혹 조기 유학을 보낸 아이가 영어 시험을 잘 보지 못하는 것을 의아해하는 엄마들이 있다. 이것은 한국에서 30년 동안 살고 있는 사람이 국어 시험을 봐도 틀리는 것과 마찬가지이다. 생활 영어와 공부로서의 영어는 다르다. 그래서 유학파 아이라도 귀국하자마자 영문법 공부를 체계적으로 할 필요가 있는 것이다. 아무리 영어로 능숙하게 의사소통해도 별도의 공부가 뒷받침되지 않으면 문법적인 문제를 틀릴 수밖에 없다.

아이에게 유학이 꼭 필요한지 깊이 생각한 후 최종 결정을 내리자. 조기 유학에 아이도 부모도 찬성했다면 모든 조건을 세세히 따져봐야 하며, 현지로 보내고 나서도 엄마가 세심한 관심을 기울여 아이가 성공적으로 유학 생활을 할 수 있도록 도와야 한다.

돈만 드는 사교육, 어떻게 활용할까요?

'사교육 위주로 공부해야 하느냐, 공교육 위주로 공부해야 하느냐'는 '아빠가 좋으냐, 엄마가 좋으냐'와 비슷한 질문이다. 우리는 이미 사교육이 생활필수품이 된 시대를 살고 있다. 초등학생 10명 중 9명이 학원에 다닌다는 통계 자료도 있다.

사실 요즘 엄마들의 못 말리는 교육열은 아이가 뱃속에 있을 때부터 시작된다. 태교 동화며 음악이 시중에 다양한 제품들로 포장되어 팔리고 있고, 똑똑한 아이를 낳기 위해 독서는 물론 일부러 한자를 외우기도 하고 수학 문제를 풀기도 한다. 아이가 태어나면 교육적인 효과를 보장한다는 값비싼 교구재부터 들이고, 언어 교육은 나이가 어릴수록 효율적이므로 아이가 우리말에 능숙해지기도 전에 영어 학교를 수소문하며, 악기·미술·수영·발레 정도는 특기로 가르쳐둬야 한다고 믿는다. 이것은 취학 이전일 뿐 초등학교에 올라가면 역시 사교육으로 중무장한 다른 또래들에 비해 내 아이가 돋보여야 한다고 부모는 더욱 조바심을 친다.

이쯤 되면 어릴 때는 마음껏 놀려야 한다고 느긋하게 생각했던 부모들도 덩달아 아이가 자랄수록 불안해져서 사교육 주변을 기웃거리게 된다. 그러니 어차피 사교육을 시킬 거라면 똑똑하게 시키는 방법을 찾는 것이 현명하다. 지금부터 '사교육 사용 설명서'를 제시하겠다. 돈이 아깝지 않은 사교육 활용법을 통해 200퍼센트의 효과를 얻길 바란다.

사교육은 어떤 아이에게 필요할까?

아이의 능력이 뛰어나서 학교 수업보다 진도를 빨리 나가야 하는 경우에 필요하다. 아이가 학교 진도에 흥미를 느끼지 못하기 때문이다. 이럴 때는 선행학습을 위한 사교육을 추천한다. 학교에서는 경시대회 수준의 심화학습도 이루어지지 않으므로 마찬가지로 사교육을 통해 해결해야 한다.

공교육의 특성상 외국어 교육은 학교에서 충분한 노출 시간을 제공할 수 없으므로 사교육을 활용한다. 피아노 같은 예체능도 일정 수준 이상은 학교에서 감당해 줄 수 없으므로 사교육이 필요하다. 다만 학교에서 배우는 것으로 충분한 영역까지 사교육을 통해 다시 공부할 필요는 없다. 사교육을 고민할 때는 과목별로 세분화해서 아이에게 정말 필요한 것만 진행하면 된다.

그렇다면 어떤 학원이 좋은 학원일까? 초등학생에게 가장 좋은 학원을 선택하려면 유명 브랜드의 학원이 아니라 얼마나 교사가 열정적이고 아이들이 잘 따르는가를 핵심적으로 살펴야 한다. 초등부 학원 선생님은 밝고 착해서 아이들과 잘 어울리기 때문에 그 과목을 좋아하도록 지도하는 선생님이 최고이다. 물론 경시대회를 준비하거나 중등부 이상의 학생들은 실력 좋은 선생님을 찾아야 한다.

학원 숙제는 어느 정도가 적당할까?

숙제를 과도하게 내주는 학원은 해당 과목을 공부하는 데는 도움이 되지만 다른 과목을 공부할 시간까지 빼앗는다. 가령 수학 학원 선생님은 영어도 국어도 함께 공부하도록 적절한 양의 숙제를 내준다. 그런데 영어 학원 선생님은 과도한 양의 숙제를 내줘서 다른 과목을 들여다볼 시간이 도무지 나지 않는다.

이렇게 여러 달을 지내다 보면 결국 아이는 영어를 제외한 다른 과목의 실력이 뒤처지게 된다. 이럴 때 문제는 엄연히 영어 학원에 있는데도 엄마는 성적이 떨어진 수학을 보강하기 위해 아이가 다니던 학원을 그만두게 하고 숙제가 많은 학원으로 옮기게 한다. 결국 아이는 잠시도 쉴 틈이 없어지고 만다.

아이가 숙제에 치이면 그 과목을 싫어하게 될 가능성도 있다. 일반적으로 엄마들은 숙제가 많은 학원을 좋아하는데, 장기적인 시각으로 그런 학원에 보내는 것은 공부 못하는 아이로 만드는 지름길이라는 사실을 기억하자.

똑똑한 사교육 이용법

사교육을 잘 이용하려면 우선 학원의 생리부터 파악하고 있어야 한다. 학원에서 10명이 수업을 받으면 3명은 제대로 이해하고, 4명은 별 효과가 없으며, 나머지 3명은 다른 아이들의 수업료를 깎아준다.

과연 엄마가 내는 학원비는 어떻게 쓰일까? 임대료 25퍼센트, 광고비 10퍼센트, 통학버스 운행비 15퍼센트, 상담실을 비롯한 일반 관리비 20퍼센트, 강사비 20퍼센트, 이익 10퍼센트 정도라고 보면 된다.

수업료 중에서 강사에게 지불되는 금액은 전체 금액의 20퍼센트에 불과하다. 쉽게 말해 좋은 강사를 확보하기보다 광고, 인테리어, 통학버스 운행 등에 더 많은 비용을 쓴다는 뜻이다. 통학버스를 운행하면 엄마는 편할지 모르지만 수업료가 교육비로 쓰이지 않는다는 것은 아이에게 결코 이득이 아니다.

따라서 엄마가 확실히 따져야 할 것은 내 아이를 가르치는 선생님의 실력과 인성이다. 학원 이름 같은 것은 아무런 의미가 없으며, 오히려 통학버스를 운행하지 않고 광고도 좀처럼 하지 않아 생소한 학원일수록 수업료가 강사의 실력을 키우는 데 쓰일 가능성이 높다.

초등부 학원은 일반적으로 선행학습보다 심화학습을 선택한다. 몇몇 아이들을 위해 선행학습을 시작하는 순간 다른 아이들과 진도를 맞출 수 없을뿐더러 중등 과정을 가르치게 되면 강사비가 비싸지기 때문이다. 아이가 다니는 학원이 지나치게 심화학습만을 강조한다면 문제점을 의심해 봐야 한다.

또한 초등부 학원이라도 학원장이나 강사가 대학 입시에 대한 지식을 갖췄는지 알아봐야 한다. 초등학생이든 중학생이든 결국은 대학에 들어가는 것이 목표인데도 고등부 학원이 아니라면 대부분 대학 입시 정보까지는 신경 쓰려 하지 않는다. 하지만 대학 입시에 대해 잘 모르면 연계성도 일관성도 없이 아이를 가르칠 우려가 있다. 이것은 최근 대학 입시 경향에 대해 슬쩍 질문해 보면 금방 간파할 수 있다.

영리한 과외 활용법

과외를 따로 시킨다면 학원 숙제를 함께 풀어주는 선생님을 선택하는 것이 좋다. 학원 진도 따로, 과외 진도 따로 진행되면 아이가 학교, 학원, 과외 세 진도를 도저히 맞추지 못한다. 과외를 할 때는 우리 집이 쉬는 공간인지, 공부하는 공간인지도 잘 살펴봐야 한다. 과외 선생님은 일반적으로 서너 군데를 동시에 다니는데, 한 집에서는 최선을 다하고, 다른 집에서는 웬만큼 하고, 나머지 한 집에서는 쉬게 마련이다. 엄마가 정확한 정보와 목표를 갖고 있는 집이라면 최선을 다할 수밖에 없다.

아이에게 장기간 과외를 받게 할 필요는 없다. "중간고사 때 수학 성적은 여기까지 올려주세요", "진도는 어디까지 끝내주세요"처럼 과외를 받는 목표를 구체적으로 전달해야 한다. 엄마가 과외 선생님에게 해서는 안 되는 질문은 "잘하고 있나요?"이다. 과외 선생님은 언제나 "잘하고 있습니다"라고 대답할 것이 뻔하다. 내 아이에 대한 질문은 늘 구체적이어야 한다.

투자를 했으면 돈값을 하는지 따지는 것은 기본이다. 그리고 대학생보다 전문 강사를 들이는 것이 훨씬 낫다. 대학생은 앞으로 계속할 직업이 아니기 때문에 아이를 성의껏 가르치지 않을 수 있다. '스스로 5분' 같은 노트를 만들어 아이의 공부 목표를 정확히 정하고 철저히 관리해 주는 선생님이 좋다.

제대로만 활용하면 사교육은 공교육의 보완재 역할을 충분히 한다. 하지만 뚜렷한 목표와 계획 없이 '남들이 하니까 나도 가만있을 수는 없잖아'라는 무책임한 생각으로 남용하면 약물중독처럼 오히려 독이 된다.

유행이나 상술에 넘어가지 말고 아이에게 꼭 필요한 것만 효과적으로 교육하길 바란다. 공부의 최종 목적은 좋은 성적이나 명문대 졸업장이 아니다. 아이의 진정한 행복이다. 내 아이가 공부로 인해 불행하다면 과감히 다이어트하는 결단력도 필요하다.

모든 선택에는 기회비용이 존재한다. 하나를 선택하면 다른 하나를 선택하지 못한다는 사실을 기억하고 내 아이에게 꼭 필요한 사교육, 내 아이가 행복해하는 사교육만 선택하는 현명한 엄마가 되자.

Mom Summary

사립학교 VS 공립학교

마냥 아기인 줄만 알았던 아이가 어느덧 초등학생이 될 무렵이면 엄마는 아이의 초등학교를 선택하는 갈림길에서 고민에 빠져든다. 엄마의 선택에 도움이 되도록 사립학교와 공립학교의 특징을 비교한다. 하지만 사립이든 공립이든 아무리 좋은 학교라도 등교 시간이 통학 버스로 30분 이상 걸린다면 다시 한 번 고려해야 한다.

● 교육 환경과 시설

사립학교의 교육 환경과 시설은 훌륭한 편이다. 경희초등학교나 홍익초등학교 같은 대학 부설 초등학교는 대학교의 다양한 부대시설을 이용할 수 있고, 경복초등학교는 어린이대공원 후문 쪽에 위치해 자연친화적인 분위기를 만끽할 수 있다. 사립학교는 대체로 아이들이 최적의 학습 효과를 낼 수 있도록 최신식 교육 시설을 구비하고 있다. 요즘은 공립학교의 교육 시설도 좋은 편이지만, 현실적으로 사립학교가 갖출 수 있는 여건에 미치지 못한다.

● 수업과 특기 적성 등 교육과정

공립학교는 국가교육과정에 따라 운영되기 때문에 지역별로 수업 내용의 질적인 차이가 크지 않은 반면, 사립학교는 국가교육과정의 큰 틀 안에서 수업 내용을 차별화하고 특기적성교육을 자율적으로 실시하여 특성화 교육을 운영한다.
영어의 경우 공립학교는 3학년부터 배우는 데 비해, 사립학교는 입학과 동시에 1학년부터 원어민 강사에게 정규 과목으로 배운다. 사립학교는 영어 몰입 교육과 함께 특기적성교육에도 힘써서 악기, 수영, 골프, 빙상, 한자, 독서, 글쓰기 교육도 체계적으로 이루어진다. 홍대부속초등학교는 '1인 1악기' 교육을 실시하여 오케스트라를 운영하기도 한다.
사립학교가 공립학교에 비해 상대적으로 교육 여건이 우수하다고 알려져 있지만 모든 학생에게 효과적인 것은 아니다. 공립학교에 갔으면 우등생으로 공부를 잘할 아이가 사립학교에서 주눅 들어 소극적인 성격이 되거나 학부모 간의 지나친 경쟁으로 스트레스를 받기도 한다.
공립학교에서는 성적이나 특기교육에 대한 스트레스를 덜 받을뿐더러 다양한 환경의 학생들이 어울려 공부하기 때문에 풍부한 대인 관계를 맺으면서 리더십과 조직력을 키울 수 있다. 특히 서울교대부속초등학교 같은 국립학교는 정부가 개발한 새로운 학습 모형을 적용해 최신 교육을 시행하며 사립학교만큼 양질의 특기적성교육도 이뤄지고 있어 입학 경쟁률이 10 대 1을 웃돈다.

● 수업료 및 부대 비용

초등학교 과정은 의무교육이라 공립학교의 수업료는 사실상 무료이다. 매달 3만~4만 원의 급식비와 희망자에 한해 실시하는 특기적성교육비만 내면 된다. 반면 사립학교의 경우에는 국가의 지원이 없기 때문에 학부모가 입학금과 등록금을 모두 부담해야 한다. 사립학교의 분기당 등록금은 평균 60만~70만 원, 이멀전 교육을 실시하는 경우 100만~170만 원 정도이다. 수업료 외에 분기당 10만~15만 원의 급식비와 15만 원 정도의 통학버스비도 감당해야 한다. 대신 학교가 부모에게 급식이나 청소를 떠맡기지 않는다. 학부모가 지불한 비용만큼 특기적성교육이나 영어 특성화 교육을 통해 사교육비를 대체할 수 있다.

● 국립학교

국립초등학교는 사립학교와 공립학교의 장점을 모두 갖추고 있다. 국립학교의 교사진은 석사학위 이상을 취득한 초등 교사들 가운데 추천을 받아 선발되기 때문에 학교에 대한 자부심이 강하고 아이들의 교육에 대한 열정도 남다르다. 국립학교는 중앙정부인 교육부가 직접 운영하는 만큼 수업료는 공립학교와 비슷한 수준으로 교육환경은 사립학교처럼 유지할 수 있다. 또한 교육부가 총괄하기 때문에 새로운 교육 시스템을 맛볼 수 있는 기회가 많다.

글을 마치며

공자님이 말씀하신 것처럼 "배우고 때때로 익히면 기쁘지 아니한가". 교육에 관해 넘치는 말들 가운데 이보다 더 좋은 말은 없는 것 같다.

그런데 교육은 백년지대계(百年之大計)라고 했다. 그만큼 교육은 변화해야 하는 것이 아니라 오히려 변화하지 않는 것이 가장 중요하다. 최근 교육을 가지고 실험하고자 하는 시도들이 많은데, 나는 이것이 과연 성공적인 효과를 거둘지 여전히 의심스럽다.

교육정책이 시시때때로 변하는 와중에 가장 혼란스러운 사람들은 학생과 학부모이다. 나는 교육이야말로 함부로 손대서는 안 되는 영역이라고 생각한다. 교육은 어느 분야보다도 가장 조심스럽게 접근해야 할 영역이기 때문이다.

엄마들에게, 교육정책이 어떻게 바뀌든 휘둘리지 말고 아이를 가르치는 목적은 '아이의 행복'이어야 한다는 것을 꼭 기억하라고 당부하고 싶다. 어떤 결정을 앞두고 아이를 위한 선택이 무엇인지 혼란스럽기만 하다면, 그 결정이 내 아이를 행복하게 할지, 아니면 불행하게 할지에 대해서만 생각하길 바란다. 이 졸고를 집필한 나의 작은 노력이 엄마의 현명한 판단에 미소하게나마 도움이 됐으면 좋겠다.

감사의 글

작은 원고 하나도 혼자 이루어지는 것이 아니라는 생각이 듭니다. 많은 분들의 도움이 있었습니다. 지면으로나마 고마움을 전합니다. 저를 키워주시고 가르쳐주신 부모님께 감사드립니다. 특히 하늘에 계신 아버지께. 저를 지도해 주신 모든 선생님들께도 감사드립니다. 자료를 수집하고 원고를 쓰는 데 도움을 준 민성원연구소 박소형, 윤정연, 백정완, 고동훈, 단현주, 차유리, 김진영 컨설턴트와 친구 박주호 박사, 이경희 본부장, 김재식 원장, 김호진 원장, 정재원 원장, 정은주 원장, 김여진 실장 이하 민성원연구소 모든 직원들에게 감사드립니다. EBS 〈생방송 60분 부모〉 안재희 국장, 고영준 피디, 이선영 작가, 류문진 작가에게 감사드립니다. EBS 〈라디오 멘토 부모〉 김윤희 피디와 함께 수고하신 피디님들과 장미화 님, 김정인 작가 및 동료들에게 감사드립니다. KBS 〈교육을 말합시다〉 이정연 피디, 박유정 작가에게 감사드립니다. KBS 박정미, 오진산 피디에게 감사드립니다. EBS 정문환 차장, C&M 최선호 부사장, 《중앙일보》 권영민 이사, 《조선일보》 양근만 대표, 김영민 팀장에게 감사드립니다. 라뷰티코아 정준 원장에게 감사드립니다. 김종호, 연준혁, 홍성민 대표에게 감사드립니다. 정꽃님, 박춘성, 이정규 박사님께 감사드립니다. 독자들의 관심으로 이 책이 나왔습니다. 아이들을 잘 키우려는 대한의 엄마들에게 감사드립니다.

참고문헌

김영훈, 『닥터 김영훈의 영재 두뇌 만들기』, 베가북스, 2008년

박경, 최순영, 『심리검사의 이론과 활용』, 학지사, 2009년

박춘성, 『초등 영재 선별을 위한 평정 척도의 타당화 연구』, 서울대학교대학원, 2006

송인섭, 『내 아이가 스스로 공부한다』, 21세기북스, 2010년

신홍범, 『우리 아이 수면 코칭』, 미래인, 2011년

이명경, 『집중력이 내 아이의 인생을 결정한다』, 랜덤하우스코리아, 2006년

이신동, 이정규, 박춘성, 『최신영재교육학개론』, 학지사, 2009년

한진규, 『잠이 인생을 바꾼다』, 팝콘북스, 2006년

EBS 〈기억력의 비밀〉 제작진, 『EBS 다큐프라임 기억력의 비밀』, 북폴리오, 2011년

EBS 〈학교란 무엇인가〉 제작팀, 『학교란 무엇인가』, 중앙북스, 2011년

고다마 미츠오, 『공부 잘하는 기억력의 비밀』, 아르고나인, 2010년

데이비드 펄뮤터, 『아이 뇌는 자란다』, 프리미엄북스, 2010년

도널드 J. 트레핑거, 『창의성과 영재성』, 학지사, 2008년

리처드 니스벳, 『인텔리전스』, 김영사, 2010년

마이클 규리언, 캐시 스티븐스, 『아들이 아니라 학교가 문제다』, 큰솔, 2006년

멜 레빈, 『아이의 뇌를 읽으면 아이의 미래가 열린다』, 소소, 2003년

베르나르 크루아질, 『기억창고 정리법』, 사이언스북스, 2007년

이언 토플러, 테레사 디제로니모, 『재능 있는 내 아이 어떻게 키울까』, 황금가지, 2009년

제프 콜빈, 『재능은 어떻게 단련되는가』, 김정희 역, 부키, 2010년

조지 J. 두파울, 게리 스토너, 『ADHD 학교상담』, 학지사, 2007년

카론 구드, 『우리 아이의 숨겨진 재능을 깨워라』, 베이비북스, 2009년

하워드 가드너, 『다중지능』, 웅진지식하우스, 2007년

하워드 가드너, 『마음의 틀』, 문음사, 1998년

Hernstein, Richard J., Murray, Charles, 『Bell Curve : Intelligence and Class Structure in American Life』, Free Press, 1996

Marzano, Robert. J., 『A theory-based meta-analysis of research on instruction』, Mid-continent Regional Educational Laboratory, 1998

민성원연구소와 함께하는
학습능력 계발 및 입시 전략 컨설팅

1 진단 컨설팅

아이의 인지적 능력, 집중력, 학습 동기 및 기타 역량에 따른 학업 레포팅, 솔루션 제안! 현재를 알아야 미래를 설계한다. 학생의 능력과 성향을 기준으로 학습 플랜을 세워야 합니다.

■ 검사 꼭 해야 한다!

교육의 다변화 및 교육 정보의 홍수 속에서 과학적인 검사를 통해 아이의 적성과 타고난 능력을 정확히 분석하여 앞으로 나아갈 바를 제시해 줘야 합니다.

■ 왜 민성원연구소인가?
- 각종 매체와 교육기관에서 실시하고 있는 검증된 검사 프로그램입니다(EBS 〈생방송 60분 부모〉, 유치원, 학원에서 실시 중).
- 아이의 연령에 맞춘 맞춤식 프로그램입니다(유아, 초등 저학년·고학년, 중등, 고등, 성인 프로그램으로 구성됨).
- 다양한 분야의 검사로 철저하게 분석합니다(지능검사뿐만 아니라 학습유형검사, 진로탐색검사 등 다양한 검사 도구로 학생의 모든 데이터를 추출합니다).

■ 검사 프로세스
- 1단계 : 학생의 환경과 연령대를 분석하여 최적의 프로그램 도출
- 2단계 : 각 분야 최고의 전문가들로 구성된 담당자(검사자)와 검사 실행
- 3단계 : 검사 결과를 통해 학생 개인을 위한 리포트 제작
- 4단계 : 학부모와 1:1 상담을 통한 검사 결과 해석 및 솔루션 제안

검사 유형	검사 종류	목적
지능	Wechsler 지능검사	Wechsler 지능검사를 통해 학생의 지적 잠재력을 정밀하게 파악하고 약점과 강점을 분석
학습 유형	U&I 학습유형검사	학생의 성격적 유형을 파악하여 선호하는 학습 방법 및 현재 심리 상태 분석
학습 습관	MLST 학습습관검사	수업 태도, 집중력, 노트 필기 등 기본적인 학습 습관 수준 및 학습 동기 수준 파악
진로	Holland 진로흥미검사 Holland 진로발달검사	문과·이과 성향 파악 및 적합한 학과 분석, 선호하는 직업군 분석
집중력	ATA 집중력 검사 (검사자 판단 시)	ADHD 검사 및 청각·시각주의력 분석(검사자 판단으로 추가 실시)

2 초등 엄마 물음표(초등 컨설팅)

검사 → 컨설팅 → 교육(Follow-up)으로 시스템화한 '학습 솔루션'
초등학생을 위한 솔루션 컨설팅, 초등 엄마 물음표! 우리 아이에게 맞는 행복한 공부 방법, 초등 엄마 물음표가 바른 길을 제시합니다.

■ 대상
만 6세~초등 6학년

■ 특징
- 심리검사 및 학습능력검사를 통한 정확한 상태 분석

- 검사 결과를 바탕으로 한 체계적인 학습 컨설팅(상담)
- 우리 아이에게 맞는 개인별 맞춤형 리포트(민성원리포트)
- 검사 및 상담 결과에 따른 Follow-up 컨설팅(교육)

■ 초등 컨설팅 프로세스

검사	컨설팅	솔루션
1차 심리검사+TEST	2차 상담	3차 교육
• 웩슬러 지능검사 • 학습전략검사(MLST) • 학습유형검사(U&I) • ATA 집중력검사 (선택 사항)	• 검사 결과 상담 및 컨설팅 • 개인별 맞춤형 리포트	• TEST • 상담 • 연습 • Work Sheet(숙제)

3 1:1 로드맵 컨설팅

민성원연구소 컨설팅의 대표적인 프로그램!
미리 준비하는 자가 명문대에 합격합니다.
수시 전형이 확대되는 최근의 입시 경향에서 개인별 맞춤 입시 전략은 선택이 아닌 필수입니다. 개인 분석 및 진단을 통해 뚜렷한 목표를 설정하고 이에 맞춰 특화된 자신만의 포트폴리오를 준비해야 합니다.

■ 대상
초등 3학년~고등 3학년(초등 1~2학년 영재도 가능)

■ 로드맵 컨설팅 프로세스
- 1단계 분석 및 진단 : 성적 상담 및 입시 변인 분석→목표 대학까지의 가능성 진단(설문지, 수능예비테스트, 학습유형검사, 학습전략검사, 적성검사, 지능검사(초등~중등 2학년))

- 2단계 로드맵 설정 : 현재 학년부터 고등 3학년까지의 입시 로드맵 설정 및 동기부여
- 3단계 개인별 입시 전략 수립 : 개인별 맞춤 입시 전략 및 영역별 공부 방법 지도
- 4단계 로드맵 실행 과정 : 목표 대학 합격을 위한 성적 향상 프로그램 진행

■ 실력만큼 전략이 중요합니다!

컨설팅 이후 수많은 학생들이 성적이 오르고 명문대에 합격하고 있습니다.
정확한 전략 수립이 되고 동기가 올라가고 실천력이 좋아집니다.
대한민국 최상위권을 위한 도약, 로드맵 컨설팅이 정답입니다.

■ 로드맵 실행 과정(예시)

초등	공부 습관 완성 및 수능 기본기 완성 국어 : 독해력 완성(독서+독해 훈련) 영어 : 고등 1~2학년 모의고사 만점, 인증시험 응시 및 점수 향상 (TOSEL Inter 2급, TOEFL 90) 수학 : 선행 및 심화(중등 3학년 과정까지 완료)
중등	수능 완성 및 비교과 서류 준비 언어 : 수능 기출 완성(비문학, 문학, 쓰기·어휘·어법편) 수리 : 수능 기출 완성(수학 상·하, 수학 1), 이과의 경우 수학 2 및 수리논술 기본 준비 영어 : 수능 만점, 인증시험 점수 80퍼센트 완성 (TEPS 800~850, TOEFL 100~110), 문과의 경우 제2외국어 기본 완성
고등	내신, 수능 점수 관리 및 비교과 서류 완성, 목표 대학 최종 합격 내신, 수능 1등급을 위한 실질적인 과목 공부법과 효율적인 시간 관리 전략, 비교과 서류 완성, 시기별 점수 재평가, 유·불리 판단 후 입시 전략 수정 및 지속 관리

4 수시/정시 컨설팅

변화하는 입시, 어떻게 준비하고 계십니까? 실력만큼 전략이 중요합니다.
어렵고 복잡한 대학 입시, 혼자 고민하지 마세요!
아는 만큼 길이 보입니다. 이제 전문 컨설턴트와 함께 준비해 보세요.

■ 1:1 수시 컨설팅

1:1 수시 컨설팅 프로그램으로 보다 확실한 전략을 세우십시오. 지원자에게 맞는 대학과 전형을 선정하고 준비 과정에서 전문 컨설턴트의 조언을 받는 프로그램입니다. 고등 3학년이 아니더라도 로드맵 컨설팅을 통해 미리 준비하실 수 있습니다.

- STEP1 서류 제출(필수) : 상담일에 앞서 학교생활기록부, 모의고사 성적표, 비교과 서류 제출
- STEP2 분석 및 진단(필수) : 성적 및 입시 변인 분석, 목표 대학 가능성 및 지원 가능 학교 선정
- STEP3 지원 대학 결정(필수) : 대학 및 학과 설정, 지원 전형 최종 결정
- STEP4 개인별 전략 수립(필수) : 전형에 따른 개별 전략 수립
- STEP5 서류 작업(선택) : 자기소개서, 우수성 입증 자료(포트폴리오) 등 수시 전형 제출 서류 검수 작업

■ 1:1 정시 컨설팅

주사위는 던져졌습니다. 이제부터는 전략입니다. 학생의 정확한 성적 분석 및 현재 위치 파악을 통해 가장 적합한 지원 전략을 제시합니다. 단순히 합격률을 높이기 위한 지원이 아니라 학생의 적성, 대학 졸업 후 진로까지 고려한 최적의 솔루션을 받으실 수 있습니다.

- STEP1 서류 제출 : 상담일에 앞서 학교생활기록부 및 수능 성적표 제출
- STEP2 분석 및 진단 : 학교생활기록부 및 수능 성적 분석, 철저한 변인 분석을 통한 진단
- STEP3 지원 대학 결정 : 진단 결과를 통해 모집군별 지원 대학 및 학과 결정
- STEP4 상담을 통한 최종 결정 : 학생과 1:1 상담을 통해 지원학군 최종 결정

5 민성원의 공부원리

공부하는 이유와 방법을 배웁니다.
공부원리 집중코스로 인해 변화된 자녀의 모습을 확인하세요.
공부에도 원리가 있습니다. 공부의 원리를 깨달으면 공부가 즐거워집니다. 공부원리는 학생이 최대 학습 능력을 발휘할 수 있도록 도와드리며 구체적인 학습 방법과 한국의 입시 시스템을 알려드리는 최고의 학습동기부여 프로그램입니다.

■ 공부원리, 이런 학생에게 꼭 필요합니다!
- 학습 의욕의 재충전이 필요한 학생
- 뚜렷한 학습 방법을 찾아 공부의 능률 상승 효과를 얻고 싶은 학생
- 짧은 시간 동안 동기부여가 필요한 학생
- 평소 열심히 공부해도 성적이 안 올라 고민인 학생
- 상위권을 넘어 최상위권으로 진입하고 싶은 학생

■ 수업 내용
- 꿈과 목표를 설정하는 방법
- 공부의 대원칙
- 과목별 학습법
- 명문대 진학 전략
- 효율적인 공부법(암기법, 필기법 등)

■ EBS와 민성원 선생님이 만났다!
- 공부원리 1.0 : EBS와 민성원 선생님이 함께하는 공부원리 1.0은 하루 5시간으로 짧은 시간 동안에 강력한 동기를 갖게 함으로써 공부의 원리를 깨달아 공부가 즐거워지게 합니다. 공부하는 이유와 방법을 배우므로 하위권 성적의 학생은 습관과 동기를, 상위권 성적의 학생은 최상위권으로의 진입을 목표로 학습 능력을 발휘하게 하는 자기주도학습 프로그램입니다.

- 공부원리 3.0 : 2003년부터 시작하여 2012년 현재 160회차를 거치는 동안 약 1만 6,000여 명의 수료생을 배출했으며 명문대·특목고·국제중에 진학하고 있는, 국내에서 가장 오래되고 신뢰할 수 있는 최고의 학습 동기부여 및 자기주도학습 캠프입니다. 방학 기간 중 2박3일 동안 학생 스스로 공부를 해야 하는 이유, 꿈과 목표 설정, 효율적인 학습 방법, 시험 잘 보는 법 등을 터득할 수 있도록 도와주며 서울대 재학생들로 구성된 멘토들이 캠프 기간 동안 꿈과 목표에 관한 워크숍 진행과 인솔, 취침까지 함께하는 공부원리 심화 프로그램입니다.

6 스스로 5분 학습법

민성원연구소에서 자신 있게 권하는 '스스로 5분 노트'!
이 노트에서 가장 중요한 것은 평가 목표와 행동 목표의 균형 있는 실천입니다. 평가 목표만 있고 행동 목표가 없는 사람은 목표가 공허해집니다. 행동 목표만 있고 평가 목표가 없으면 계획과 엉뚱한 방향으로 가게 됩니다. 따라서 평가 목표와 행동 목표는 상호 보완적으로 동시에 적절하게 실천돼야 합니다.
민성원연구소의 '스스로 5분 학습법'에서는 평가 목표는 학생의 학습 방향성을, 행동 목표는 구체적인 실천을 제시합니다. 그래서 평가 목표와 행동 목표가 동시에 작용하여 학생의 목표 달성이 용이해집니다.

■ 목표를 세워라

목표는 꿈을 이루는 도구입니다. '스스로 5분 노트'에 내가 실천할 수 있는 나 자신만의 목표를 세우는 것이 중요합니다.

■ 목표는 구체적이어야 한다

예를 들어 "하루에 영어 구문을 10개씩 외운다", "자습은 매일 3시간씩 한다"와 같은 구체적인 목표를 작성합니다. 구체적인 목표를 작성한 후 1점부터 5점까지 점수를 부여해 행동 목표를 스스로 평가합니다.

■ 목표에 유연하자
처음 정한 목표에 너무 연연할 필요 없습니다. 현실성이 부족한 계획이었다면 현실성 있게 바꿔 나가면 됩니다. 반대로 너무 쉬운 목표였다면 좀더 강도 높은 목표로 변경해 나가야 합니다.

■ 새로운 습관을 만들자
기존의 습관을 버리고 새로운 습관을 만듭시다. 공부하는 습관을 30일간 반복하고 나면 나중에는 그것을 따르지 않는 것이 더 힘듭니다.

■ 쉬는 시간에 5분간 정리한다
모든 내용을 정리할 필요는 없습니다. 수업 후 쉬는 시간을 활용해 수학 공식이나, 영어 구문, 암기 사항 등을 간단하게 5분 학습법 시트에 정리합니다.

■ 5분 복습법 시트로 2번 공부한다
방과 후 시간 및 이동 시간 등을 적극적으로 활용해 5분 학습법에 정리된 내용을 5분 복습법 시트에 정리하며 복습합니다.

■ 부모 또는 멘토 선생님이 점검한다
부모 또는 멘토선생님이 MONTH / WEEK / DAY에 코멘트를 작성하며 학생의 학습 상태를 점검합니다.

■ 지속적인 점검과 실천을 해라
공부를 잘게 되기까지는 시간이 걸린다는 사실을 알아야 합니다. 공부 습관이 몸에 익숙해질 때까지 지속적으로 실천하는 노력을 게을리하지 마세요.

7 학부모 학습 전문가 과정

엄마도 학습 전문가가 되어야 합니다.

■ 교육 대상
초/중/고등학생 자녀를 둔 대한민국 학부모 여러분이면 누구나 수강 가능합니다.

■ 교육 목적
학부모님들의 교육 궁금증을 풀어드리고 자녀의 올바른 학습 습관 형성 및 자기주도학습 능력 강화를 위해 꼭 알아둬야 할 지식과 정보를 전달하기 위해, 서울대 및 상위 10개 대학 진학 컨설팅 전문 민성원연구소의 교육 노하우를 공개하는 뜻 깊은 시간이 될 것입니다.

■ 교육 시간
총 16시간(1일 2시간/주1회), 8주 코스

■ 교육 내용

구분	내용
1주차	공부원리 1 아이들의 꿈, 목표, 그리고 자신감 꿈 찾기, 목표 설정하기, 자신감 갖기
2주차	과목별 학습전략 1—영어 영어 실력과 영어 성적의 관계 대학 입시를 위한 영어 로드맵(NEAT)
3주차	과목별 학습 전략 2—수학 실력을 올리는 공부와 성적을 올리는 공부 머리 좋은 아이의 수학 공부법

4주차	공부의 대원칙 배우기→익히기→시험 잘 보기	
5주차	공부원리 2 공부를 잘하기 위한 최적의 환경 IQ와 공부, 부모의 역할, 건강관리법	
6주차	SKY 로드맵 1—초등·중등 학습 전략 우리 아이 12년을 위한 후회 없는 학습 노하우 서울 상위 10개 대학별 입시 전형 및 전략	
7주차	SKY 로드맵 2—대학별 입시 전형 우리 아이 목표 대학을 위한 필수 준비 사항! 서울 상위 10개 대학별 입시 전형 및 전략	
8주차	엄마는 전략가—중등·고등 학습 전략 특목고 진학의 허와 실, 일반고 진학 활용법, 목표 설정의 중요성, 내신 관리 방법	

8 경제학 프로그램

이제 영어와 수학만으로는 대학 합격을 보장할 수 없습니다. 달라진 입시 제도인 '입학사정관제도'에 전략적으로 대응하려면 다양한 분야의 포트폴리오가 필요합니다. 민성원연구소만의 차별화된 경제학 전문 강의로 비교과를 준비하십시오.

■ 입학사정관제도와 경제경시대회

각종 경시대회의 입상이 필요합니다. 그렇다면 어떤 경시를 선택하면 될까요? 수능 과목의 축소로 사회탐구에서 경제 과목은 앞으로 최고의 뒤집기 과목이 될 것입니다. 입학사정관제도→포트폴리오→각종 Activity

■ 경제경시대회 준비로 무엇을 얻을 수 있는가?

- 최상위권 학생의 지적 호기심 충족
- 경제 현상에 대한 날카로운 이해력

- 입학사정관전형 확대에 최적 대비
- TESAT이나 AP(micro/macro) 등 관련 시험으로 확장 가능
- 논술이나 언어 영역의 경제 지문 해결력 향상(시간 절약)
- 수능 경제 및 고등 1학년 내신과 심화 경제 내신에 대응
- 2011학년도에 서울대의 학과별 모집으로 경제학과가 최상위 학과로 복원

■ TESAT 준비로 무엇을 얻을 수 있는가?
- TESAT 2등급 취득 시 경제경시대회 입상과 동일하게 인정
- 경제 이론을 현실에 적용하는 능력 함양
- 시사 문제에 완벽 대비
- 경제학과와 경영학과 입학을 위한 필수 코스
- 연간 4회에 걸쳐 보는 시험이므로 꾸준히 경제 이해력을 향상
- 최고 등급인 S등급을 향한 동기부여

■ 민성원연구소의 경제학 강의
- 우수한 강사진 : 민성원 소장의 직강 및 SKY 출신 경제 전공자의 강의
- 다양한 커리큘럼 : 수능 이론, 수능 문제 풀이, 경제 이론, 경제 논술, TESAT반, 경제경시반
- 학생 수준별 강의 : 반 구성원에 따라 수준별 강의 진행, 각 단계별 3개월 과정
- 레벨 테스트 : 학생의 이해 정도 확인 & 각 단계별 승급
- 무한 반복 수강 : 이해 완료 시까지 수강료 부담 없이 무한 반복 수강
- 경제학 강의 시간 : 매주 일요일 오전 9~1시, 오후 2~6시

―――― 예약 및 문의 민성원연구소 ――――

서울 청담 본원 1599-8884   일산 브랜치 031-916-8884
서울 정릉 브랜치 02-918-9955   전주 센터 063-227-5171
광주 남구 센터 062-681-4877   통영/거제 센터 055-649-4946
부산 센텀 브랜치 051-704-1466   홍성 센터 041-634-7072
울산 남구 센터 052-256-7884

우등생으로 키우고 싶은
엄마들이 가장 궁금해하는 질문 50
민성원의
초등 엄마 물음표

초판 1쇄 발행 2012년 6월 4일 초판 5쇄 발행 2014년 6월 5일

지은이 민성원 펴낸이 연준혁

출판 1분사 분사장 최혜진
편집 정지연
디자인 조은덕
제작 이재승

펴낸곳 (주)위즈덤하우스 | 출판등록 2000년 5월 23일 제313-1071호
주소 경기도 고양시 일산동구 정발산로 43-20 센트럴프라자 6층
전화 031-936-4000 | 팩스 031-903-3891
전자우편 yedam1@wisdomhouse.co.kr
홈페이지 www.wisdomhouse.co.kr
종이 월드페이퍼 | 인쇄·제본 (주)현문 | 후가공 이지앤비

값 13,000원 ISBN 978-89-91731-62-2 13370

* 잘못된 책은 바꿔드립니다.
* 이 책의 전부 또는 일부 내용을 재사용하려면
  사전에 저작권자와 (주)위즈덤하우스의 동의를 받아야 합니다.

국립중앙도서관 출판시도서목록(CIP)

민성원의 초등 엄마 물음표 / 민성원 지음. — 고양 :
위즈덤하우스, 2012
    p.;   cm

ISBN 978-89-91731-62-2 13370 : ₩13000

자녀 교육[子女敎育]
초등 학생[初等學生]

598.124-KDC5
649.124-DDC21   CIP2012002483